LEARNING SYSTEM

RESOURCE & ACTIVITY BOOK

¡Viva el Español!

Blackline Masters
SECOND EDITION

Jane Jacobsen-Brown

Abraham Martínez-Cruz

Christine Wolinski Szeszol

Linda West Tibensky

Donna Alfredo Wardanian

Illustrated by Don Wilson

National Textbook Company
a division of *NTC Publishing Group* • Lincolnwood, Illinois USA

Acknowledgments The authors wish to acknowledge the administration of Des Plaines School District 62, Oak Park Districts 97 and 200, and New Sabin Magnet School District 6 for their support and encouragement in the development of the *¡Viva el español!* program.

Project Director
Keith Fry

Project Manager
Elizabeth Millán

Artists
Nan Brooks (Poster Art)
Gwen Connelly (Sharing Books, Picturebooks, Videotape)
George B. Hamblin (Poster Art)
John Lambert (Flash Cards)
Terri Starrett (Learning System Box Illustrations)
Mark Stearney (Flash Cards)
Don Wilson (Resource & Activity Book)

Learning System Box Design
Rosa + Wesley Design Associates
Jerry White Photography, Inc.

Note: The blackline masters in this book may be reproduced by individual teachers for classroom use only.

Consulting Educators for the ¡Viva el español! Program

Diana Azcoitia
Chicago Public Schools
Chicago, Illinois

Linda Calk
Assessment and Support Department
Ysleta Independent School District
El Paso, Texas

Dr. Lucia P. Hall
Behavioral Consultants International
Chicago, Illinois

Dr. Gladys C. Lipton
Director of National FLES* Institute
University of Maryland, Baltimore County
Baltimore, Maryland

Dr. James Maharg
University of Illinois
Chicago, Illinois

Gloria A. Mariscal
Teacher of Spanish
Eastwood High School
El Paso, Texas

Original Pilot Testing

New Sabin Magnet School, District 6
Chicago Public Schools
Chicago, Illinois
Supervising teacher: Zulma V. Meléndez

Ysleta Independent School District
El Paso, Texas
Supervising teacher: María Salmerón

Published by National Textbook Company, a division of NTC/Contemporary Publishing Company.
©1997, 1988 by NTC Publishing Group, 4255 West Touhy Avenue,
Lincolnwood (Chicago), Illinois 60646-1975 U.S.A.
All rights reserved. No part of this book may be reproduced, stored in a retrieval system,
or transmitted in any form or by any means, electronic, mechanical, photocopying,
recording or otherwise, without the prior permission of NTC/Contemporary Publishing Company.
Printed in the United States of America.

7 8 9 0 VL 9 8 7 6 5 4 3 2

Contents

Introduction
Answer Key for Assessment Pages
Student Progress Chart (Lessons 1–12)
Student Progress Chart (Lessons 12–27)

Assessment Pages

Assessment 1 — Lesson 6
Vocabulary: Numbers 51–60

Assessment 2 — Lesson 8
Vocabulary: Appliances

Assessment 3 — Lesson 10
Vocabulary: Numbers 61–70

Assessment 4 — Lesson 12
Vocabulary: Fruit

Assessment 5 — Lesson 16
Vocabulary: Numbers 71–80

Assessment 6 — Lesson 19
Vocabulary: Adjectives

| **Assessment 7** | Lesson 21
Vocabulary: Numbers 81–90 |

| **Assessment 8** | Lesson 26
Vocabulary: Numbers 91–100 |

| **Assessment 9** | Lesson 27
Overall Assessment |

| **Assessment 10** | Lesson 27
Overall Assessment |

| **Assessment 11** | Lesson 27
Overall Assessment |

| **Assessment 12** | Lesson 27
Overall Assessment |

Vocabulary/Activity Masters

| **Master 1** | Lesson 1
Classroom vocabulary (review): la profesora, el profesor, el calendario, el escritorio |

| **Master 2** | Lesson 1
Classroom vocabulary (review): la pizarra, la tiza, la pluma, la mesa |

| **Master 3** | Lesson 1
Classroom vocabulary (review): el libro, la bandera, el papel, el reloj |

| **Master 4** | Lesson 1
Classroom vocabulary (review): el globo, el mapa, la silla, la regla |

¡Viva el español! Learning System B

Master 5 — Lesson 1
Tener expressions (review): Tengo hambre. Tengo sed. Tengo calor. Tengo frío.

Master 6 — Lesson 1
Tener expressions (review): Tengo miedo. Tengo sueño. Tengo dolor. Tengo _____ años.

Master 7 — Lesson 2
Clothing (review): el sombreo, los pantalones, la camisa, los calcetines

Master 8 — Lesson 2
Clothing (review): la blusa, el suéter, el vestido, los zapatos

Master 9 — Lesson 2
Clothing (review): la falda, la chaqueta, el pijama, el traje de baño

Master 10 — Lesson 2
Months (review): enero, febrero, marzo, abril, mayo, junio

Master 11 — Lesson 2
Months (review): julio, agosto, septiembre, octubre, noviembre, diciembre

Master 12 — Lesson 2
Weather expressions (review): Hace sol. Hace frío. Hace calor. Hace buen tiempo.

Master 13 — Lesson 2
Weather expressions (review): Está lloviendo. Está nevando. Hace viento. Hace mal tiempo.

Master 14 — Lesson 2
School rooms (review): el salón de clase

Master 15	Lesson 2 **School rooms (review):** la oficina
Master 16	Lesson 2 **School rooms (review):** la cafetería
Master 17	Lesson 2 **School rooms (review):** el cuarto de baño
Master 18	Lesson 2 **School people (review):** la directora, el director, la profesora, el profesor
Master 19	Lesson 2 **School people (review):** la secretaria, el secretario, la enfermera, el enfermero
Master 20	Lesson 3 **Patterns for geometric shapes:** square, triangle, circle
Master 21	Lessons 3, 4 **Parts of the house:** la casa, el techo, la chimenea, la ventana
Master 22	Lessons 3, 4 **Parts of the house:** la puerta, el garaje, el patio, el jardín
Master 23	Lesson 3 **Vowel tree picture**
Master 24	Lesson 4 **The family (review):** la mamá, el papá, el hija, el hijo
Master 25	Lesson 4 **The family (review):** la abuela, el abuelo, la familia

Master 26 — Lesson 4
Rooms: la sala, el comedor, el dormitorio, la cocina

Master 27 — Lesson 4
Activity Page: The house

Master 28 — Lesson 4
Activity Page: The family

Master 29 — Lesson 4
The house and rooms: Review Page

Master 30 — Lesson 5
"Bean Bag Toss" game board pattern

Master 31 — Lesson 5
"Bean Bag Toss" game board pattern

Master 32 — Lesson 5
Color-by-number house

Master 33 — Lessons 6, 7
Furnishings: el sofá, la lámpara, las cortinas, la cama

Master 34 — Lessons 6, 7
Furnishings: el espejo, el sillón, la mesa, la silla

Master 35 — Lesson 6
Furnishings: Review Page

Master 36 — Lesson 7
Appliances: la estufa, el horno, el lavaplatos, el refrigerador

Master 37 — Lesson 7
Appliances: el fregadero, la lavadora, la secadora, el horno de microondas

Master 38 — Lesson 7
Appliances: Review Page

Master 39 — Lesson 7
Pattern for construction-paper sheep

Master 40 — Lessons 7, 8
Alphabet sarape

Master 41 — Lesson 8
Entertainment: la televisión, el radio, el tocadiscos, los discos

Master 42 — Lesson 8
Entertainment: el cartel, los carritos, la muñeca, los juguetes

Master 43 — Lesson 8
Entertainment: la grabadora, el cassette, los libros, la pizarra, la tiza

Master 44 — Lessons 8, 9
Entertainment: Review Page

Master 45 — Lesson 10
Summer activities (review): saltar la cuerda, el fútbol, nadar/la natación, el béisbol

Master 46 — Lesson 10
Summer activities (review): ir de campo, jugar, dormir, montar en bicicleta

Master 47 — Lesson 10
Summer activities (review): leer, hacer un viaje (en coche), hacer un viaje (en avión), hacer un viaje (en autobús)

VIII   ¡Viva el español! Learning System B

Master 48	Lesson 10 **Winter activities:** esquiar, el fútbol americano, el baloncesto, patinar
Master 49	Lesson 10 **Seasons:** el invierno
Master 50	Lesson 10 **Seasons:** la primavera
Master 51	Lesson 10 **Seasons:** el verano
Master 52	Lesson 10 **Seasons:** el otoño
Master 53	Lesson 11 **Fruit:** la manzana, la pera
Master 54	Lesson 11 **Fruit:** las uvas, las fresas
Master 55	Lesson 11 **Fruit:** las cerezas, el limón
Master 56	Lesson 11 **Fruit:** la naranja, el durazno
Master 57	Lesson 11 **Fruit:** el plátano, la piña
Master 58	Lesson 11 **Fruit:** Vocabulary-card page

Master 59	Lesson 11 **"En el desierto" game board**
Master 60	Lesson 11 **"En el desierto" number spinner**
Master 61	Lesson 12 **Tableware:** el tenedor, la cuchara
Master 62	Lesson 12 **Tableware:** el cuchillo, la servilleta
Master 63	Lesson 12 **Dishes:** la taza, el platillo
Master 64	Lesson 12 **Dishes:** el vaso, el plato
Master 65	Lesson 12 **Tableware:** Vocabulary-card page
Master 66	Lesson 12 **Dishes:** Vocabulary-card page
Master 67	Lesson 12 **Table-setting activity page**
Master 68	Lesson 12 **Dish activity page**
Master 69	Lesson 13 **Breakfast:** la leche, el cereal, el pan tostado, el jugo

¡Viva el español! Learning System B

Master 70 — Lesson 13
Lunch: la sopa, las galletas, el queso, el sándwich

Master 71 — Lesson 13
Dinner: la carne, la papa, el pescado, las zanahorias

Master 72 — Lesson 13
Dinner: el pollo, el arroz, la salsa de tomate, la sal y la pimienta

Master 73 — Lesson 14
Connect-the-dots activity page

Master 74 — Lesson 16
School subjects: las ciencias, el arte, las matemáticas, las computadoras

Master 75 — Lesson 16
School subjects: la música, la hora de recreo, la historia, la geografía

Master 76 — Lesson 16
School subjects: el inglés, el español; Estudio. Hago ejercicos.

Master 77 — Lesson 16
School subjects: Review Page

Master 78 — Lesson 17
School subjects matching exercise

Master 79 — Lesson 17
Musical instruments: el tambor, la guitarra, el piano, la trompeta

Master 80 — Lesson 17
Musical instruments: el violín, la flauta, el clarinete, la pandereta

Master 81	Lesson 18 **Musical instruments:** Review Page
Master 82	Lesson 18 **Adjectives:** el payaso, la payasa
Master 83	Lesson 18 **Adjectives:** grande, pequeña, mediana
Master 84	Lesson 18 **Adjectives:** alto, alta, bajo, baja
Master 85	Lesson 18 **Adjectives:** gordo, gorda, delgado, delgada
Master 86	Lesson 18 **Adjectives:** bonito, bonita, feo, fea
Master 87	Lesson 18 **Adjectives:** suave, dura
Master 88	Lesson 18 **Adjectives:** sucio, limpio
Master 89	Lesson 19 **City buildings:** los apartamentos, la tienda, el rascacielos, la entrada/la salida
Master 90	Lesson 21 **City places:** el restaurante, el museo, la biblioteca, el supermercado
Master 91	Lesson 21 **City places:** el cine, el hospital, el zoológico, el parque

Master 92
Lesson 22
City buildings and places: Review Page

Master 93
Lesson 22
City streets (review): el policía, la policía, las luces de tráfico, la calle

Master 94
Lesson 22
Transportation (review): el tren, el avión, el autobús, el coche

Master 95
Lessons 22, 23
Transportation places: la estación del tren, el aeropuerto, la parada de autobús, el estacionamiento

Master 96
Lesson 23
City streets, transportation, and places: Review Page

Master 97
Lesson 23
The zoo: la jirafa, el pájaro, la foca, el pato

Master 98
Lesson 23
The zoo: el guardián, el elefante, el pez, los peces, el león

Master 99
Lesson 23
The zoo: el tigre, el gorila, la cebra, el oso

Master 100
Lesson 23
The zoo: Review Page

Master 101
Lesson 24
Restaurant people: el camarero, la camarera

XIII

Master 102	Lesson 24 **Restaurant people:** el cocinero, la cocinera
Master 103	Lesson 26 **Preposition coloring page**
Master 104	Lesson 26 **Puzzle pieces**
Master 105	Lesson 5 **Numbers 51–60**
Master 106	Lesson 9 **Numbers 61–70**
Master 107	Lesson 15 **Numbers 71–80**
Master 108	Lesson 20 **Numbers 81-90**
Master 109	Lesson 25 **Numbers 91–100**
Master 110	Lessons 7, 8 **Letters:** A, B, C, CH, D, E, F, G
Master 111	Lessons 7, 8 **Letters:** H, I, J, K, L, LL, M, N

XIV ¡Viva el español! Learning System B

Master 112 Lessons 7, 8
Letters: Ñ, O, P, Q, R, S, T, U

Master 113 Lessons 7, 8
Letters: V, W, X, Y, X, Z

Introduction

Overview

The numerous blackline master vocabulary and activity pages in the *¡Viva el español! Resource and Activity Book* have been carefully integrated into the lessons and activities described in the *Teacher's Manual* for Learning System B. Consistent with the methodologies of Total Physical Response (TPR) and the Natural Approach, the illustrations and activity pages provide a wealth of visually stimulating, manipulable materials to help you create and maintain a lively learning environment. For each step of a lesson in the *Teacher's Manual,* you will find in the Materials to Gather list the blackline master page numbers and the quantity of copies you will need for teaching and practicing vocabulary, reviewing vocabulary and structures, playing games, or assessing children's comprehension of vocabulary they have learned.

Elements in the Resource and Activity Book

- Student Progress Charts
- Assessment pages for conducting paper-and-pencil assessments with the entire class
- Half-page illustrations of vocabulary words to be made into manipulable *vocabulary cards*
- Full-page illustrations of vocabulary to be colored and mounted for use as *vocabulary pictures*
- Vocabulary review pages with reduced illustrations of the vocabulary in a word group to be made into transparencies for use with an overhead projector or to be photocopied for making paper-and-pencil assessment activities
- Patterns and illustrations for making manipulable teaching aids and for preparing materials needed for games
- Activity pages for "quiet" activities (e.g., connect the dots) when working with children in groups
- Number pages for use in making vocabulary cards or constructing games

Vocabulary Cards Some of the masters are designed as vocabulary cards (half-page illustrations) which may be photocopied and used for TPR instruction with individuals, small groups, or the entire class. You may wish to mount these cards on poster board or heavy gauge paper and laminate them for demonstration sets in the classroom or for games. The pages may also be photocopied and distributed to children so that every child may have a set of vocabulary cards for a given lesson. In addition, the vocabulary cards are frequently called for in the Independent Exercises on the audiocassettes that accompany the lessons.

Vocabulary Pictures The vocabulary pictures are full-page illustrations that may be colored and mounted on heavy stock and then laminated for durability. These pictures can be used instead of flash cards or when there are no flash cards that correspond to a particular lesson. The vocabulary pictures may also be made into transparencies for review activities.

Review Pages The review pages in the blackline masters contain reduced illustrations of all the vocabulary in a given word group or family. These pages may be made into transparencies for quick review activities and games or they may be cut apart and used to make materials for the many games described in the lessons.

Assessment

The blackline masters are particularly useful in preparing materials for assessment activities. Because listening and speaking skills are crucial in the early stages of language learning, the vocabulary cards and pictures may be used for TPR activities that require only a physical response to indicate comprehension. They also can be used for initial utterances in activities that call for a yes-no response or a choice of answers, as well as activities that encourage free conversation.

Although it is preferable to assess children in small groups, the need often arises for pencil-and-paper assessments for the entire class. Therefore, included in the *Resource and Activity Book* are assessment pages that correspond to specific assessment activities described in the *Teacher's Manual*. The blackline master pages may be used to create whatever assessment materials you may need, from vocabulary cards for TPR activities and games to visual stimulus for oral interviews. For a complete discussion of the assessment recommendations for the ***¡Viva el español!*** learning systems, see the Overview in the *Teacher's Manual,* as well as *Strategies: Step 3* of each lesson.

Transparencies

Throughout the lessons in the *Teacher's Manual,* it is often recommended that you make a transparency of a blackline master for use on the overhead projector. You may wish to investigate the equipment available in your school or school system for making transparencies. Transparencies are especially useful when you are teaching a game or reviewing vocabulary with the entire class.

Answer Key Assessment **1**

1. 52 (54) 51
2. (57) 51 53
3. 56 58 (52)
4. 54 59 (55)
5. 50 (60) 58
6. 53 (51) 57
7. 59 56 (53)
8. (58) 52 54

XVIII ¡Viva el español! Learning System B

Answer Key

Assessment **2**

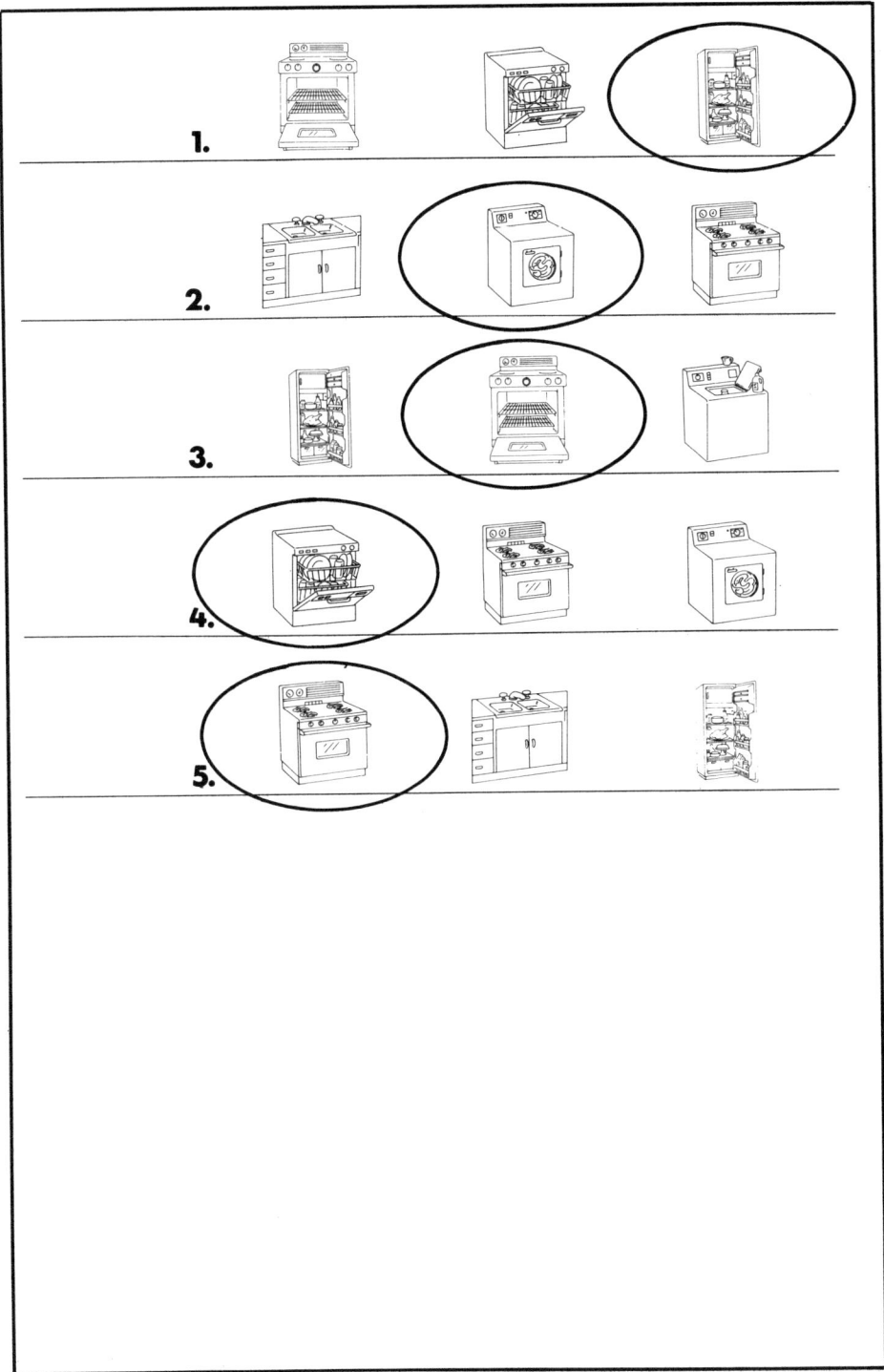

Answer Key XIX

Answer Key Assessment **3**

1. 52 (62) 61
2. (70) 64 60
3. (67) 57 63
4. 53 (63) 68
5. 60 56 (66)
6. 58 (68) 62
7. (61) 51 70
8. 55 67 (65)

xx   ¡Viva el español! Learning System B

Answer Key

Assessment 4

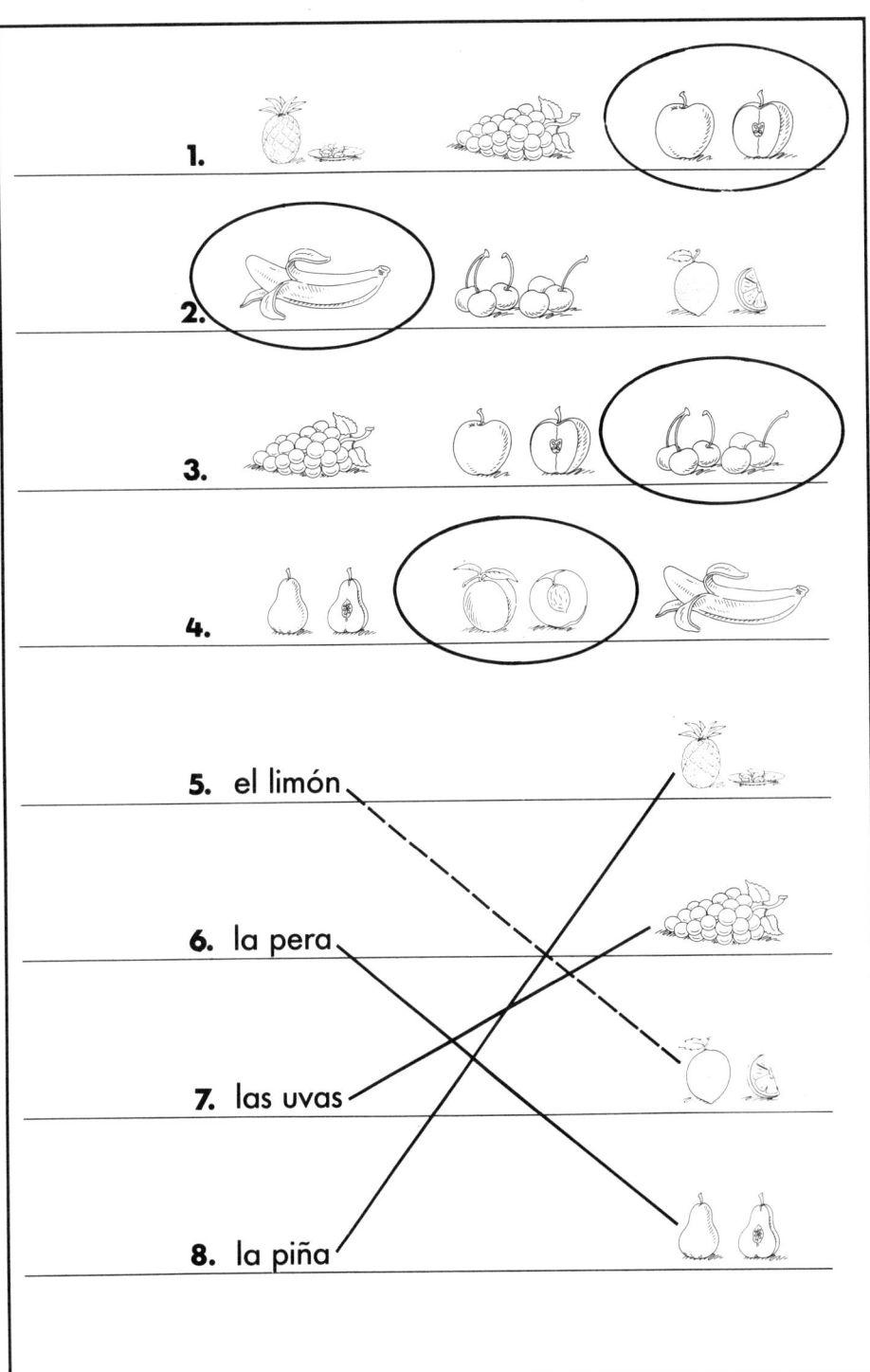

Answer Key   XXI

Answer Key　　　　　　　　　　　　　Assessment **5**

1. 69　(79)　71
2. 78　73　(74)
3. 57　80　(77)
4. (72)　62　76
5. 73　70　(80)
6. 61　(71)　79
7. (75)　78　65
8. 71　(73)　80

Answer Key

Assessment 6

Answer Key **XXIII**

Answer Key

Assessment **7**

1. 81 (85) 75
2. (90) 10 80
3. 72 (82) 52
4. 69 59 (89)

5. ochenta y tres — 83
6. ochenta y cuatro — 84
7. ochenta y siete — 87
8. ochenta y uno — 81

Answer Key

Assessment **8**

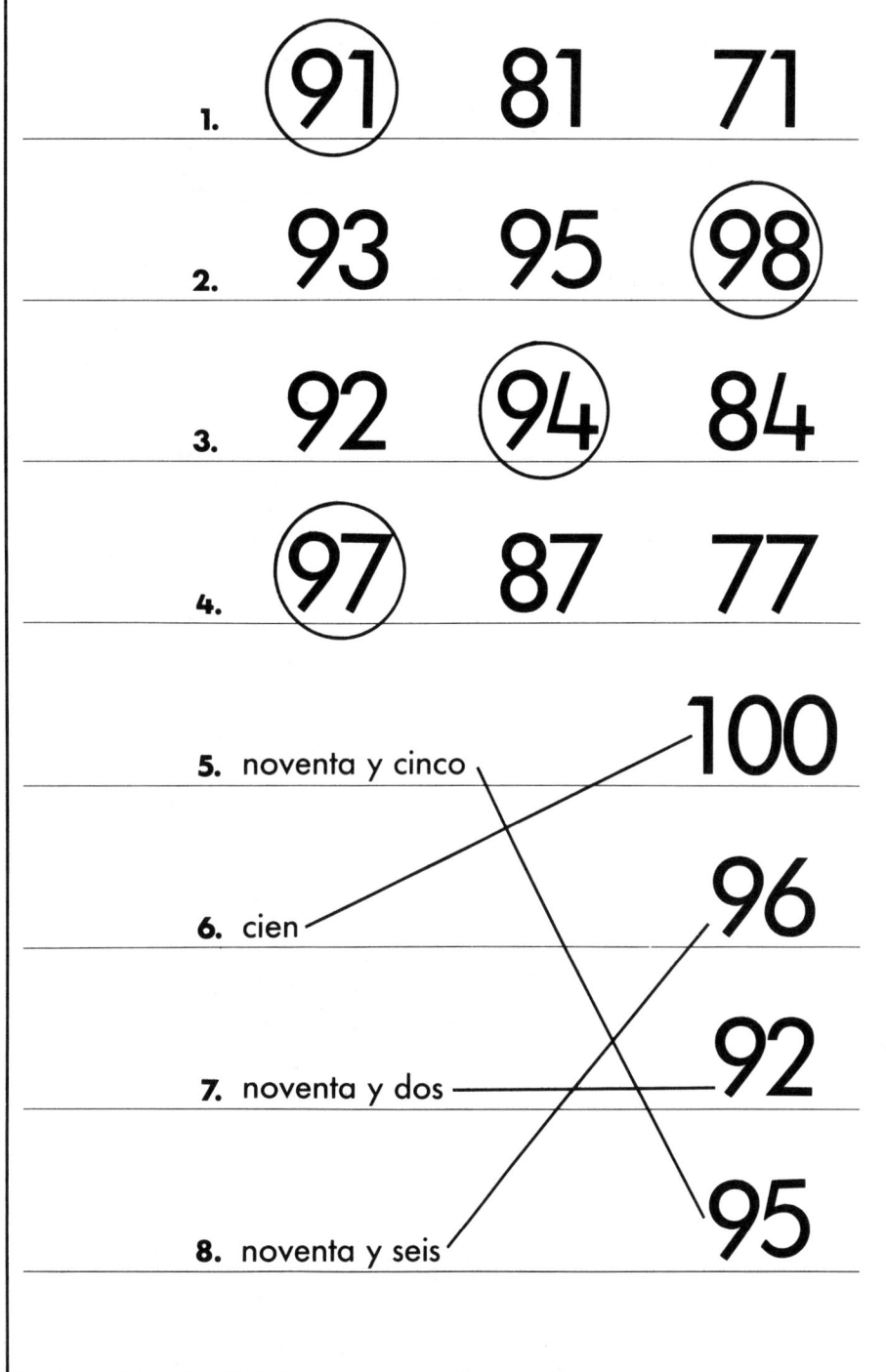

Answer Key

Assessment 9

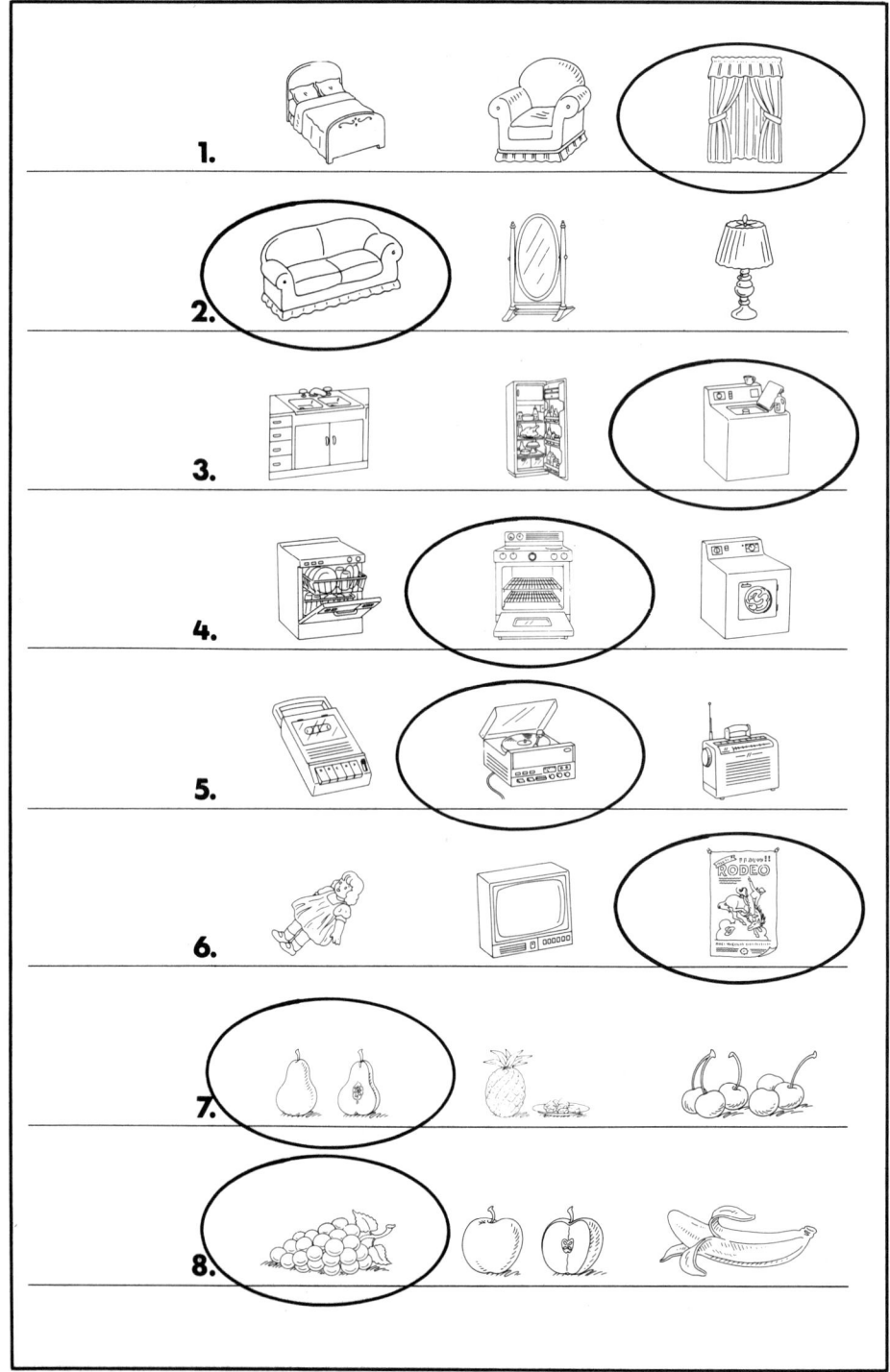

XXVI ¡Viva el español! Learning System B

Answer Key

Assessment **10**

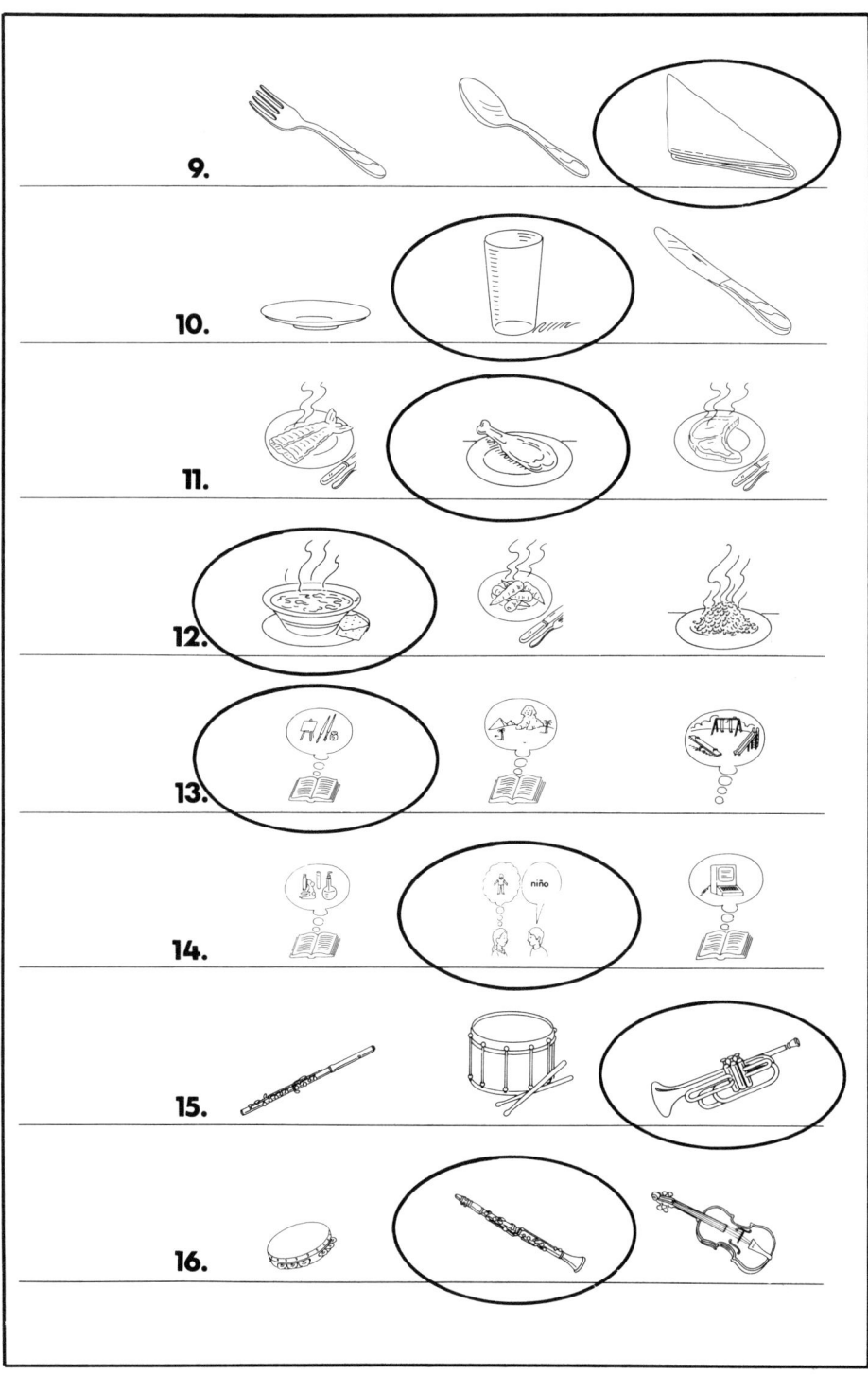

Answer Key **XXVII**

Answer Key

Assessment 11

17. ochenta y cinco — 85
18. setenta y uno — 71
19. cien — 100
20. noventa y tres — 93
21. sesenta y siete — 67
22. cincuenta y ocho — 58
23. noventa — 90
24. ochenta y nueve — 89

Answer Key

Assessment **12**

25. Children will draw a fat clown.

26. Children will color the bird blue.

27. Children will color the duck brown.

28. Children will draw a hard chair.

29. Children will draw a big drum and a small drum.

30. Children will draw a tall house and a short house.

Name _____ Date _____

Student Progress Chart

Core Vocabulary	Lesson Number	Listening/Speaking Skills	Reading Skills	Assessment Comments
Review vocabulary, structures, and TPR commands from Learning System A	1–2			
Parts of the house	3			
Vowels	3			
Rooms of the house	4			
Consonants	4, 5, 6, 7			
Numbers 51–60	5			
Furnishings of the house	6			
Appliances in the house	7			
Entertainment appliances and toys	8			
Numbers 61–70	9			
Winter activities	10			
Fruits	11			
Table-settings	12			

Name _____ Date _____

Student Progress Chart

Core Vocabulary	Lesson Number	Listening/ Speaking Skills	Reading Skills	Assessment Comments
Meals	12–13			
Lesson 14 Review	1–13			
Numbers 71–80	15			
School subjects	16			
Musical instruments	17			
City buildings	19			
Numbers 81–90	20			
Places in the city	21			
Places related to transportation	22			
Going to the zoo	23			
Vocabulary related to restaurants	24			
Numbers 91–100	25			
Prepositions	26			
Lesson 27 Review	1–26			

ASSESSMENT PAGES

LEARNING SYSTEM B

© National Textbook Company

¡Viva el español!
Assessment 1

Me llamo _____ **Fecha** _____

1. 52   54   51

2. 57   51   53

3. 56   58   52

4. 54   59   55

5. 50   60   58

6. 53   51   57

7. 59   56   53

8. 58   52   54

LEARNING SYSTEM B

© National Textbook Company

¡Viva el español!
Assessment **2**

Me llamo _____ **Fecha** _____

1.

2.

3.

4.

5.

LEARNING SYSTEM B

© National Textbook Company

¡Viva el español!
Assessment **3**

Me llamo _____ **Fecha** _____

1. 52   62   61

2. 70   64   60

3. 67   57   63

4. 53   63   68

5. 60   56   66

6. 58   68   62

7. 61   51   70

8. 55   67   65

LEARNING SYSTEM B

© National Textbook Company

¡Viva el español!
Assessment **4**

Me llamo _____ **Fecha** _____

1. _____

2. _____

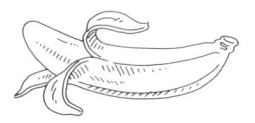

3. _____

4. _____

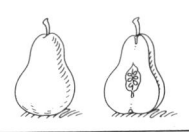

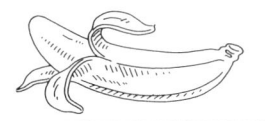

5. el limón

6. la pera

7. las uvas

8. la piña

LEARNING SYSTEM B

© National Textbook Company

¡Viva el español!
Assessment **5**

Me llamo _____ **Fecha** _____

1. 69   79   71

2. 78   73   74

3. 57   80   77

4. 72   62   76

5. 73   70   80

6. 61   71   79

7. 75   78   65

8. 71   73   80

# LEARNING SYSTEM B

© National Textbook Company

¡Viva el español!
Assessment **6**

Me llamo _____ **Fecha** _____

1. _____

2. _____

3. _____

4. _____

5. _____

6. _____

7. _____

8. _____

LEARNING SYSTEM B

© National Textbook Company

¡Viva el español!
Assessment 7

Me llamo _____ **Fecha** _____

1. 81   85   75

2. 90   10   80

3. 72   82   52

4. 69   59   89

5. ochenta y tres   81

6. ochenta y cuatro   87

7. ochenta y siete   83

8. ochenta y uno   84

LEARNING SYSTEM B

© National Textbook Company

¡Viva el español!
Assessment **8**

Me llamo _____ **Fecha** _____

1. 91 81 71

2. 93 95 98

3. 92 94 84

4. 97 87 77

5. noventa y cinco   100

6. cien   96

7. noventa y dos   92

8. noventa y seis   95

# LEARNING SYSTEM B

© National Textbook Company

¡Viva el español!
Assessment **9**

Me llamo _____ **Fecha** _____

1.

2.

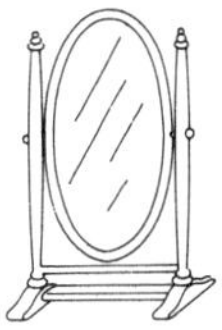

3.

4.

5.

6.

7.

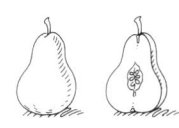

8.

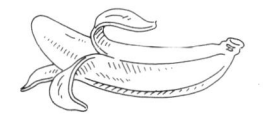

LEARNING SYSTEM B

© National Textbook Company

¡Viva el español!
Assessment **10**

Me llamo _____ **Fecha** _____

9.

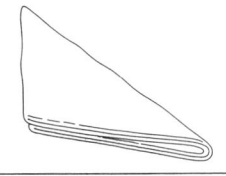

10.

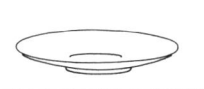

11.

12.

13.

14.

15.

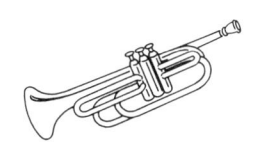

16.

Me llamo _____ **Fecha** _____

                                                        71

17. ochenta y cinco

                                                        90

18. setenta y uno

                                                        58

19. cien

                                                        85

20. noventa y tres

                                                        93

21. sesenta y siete

                                                        100

22. cincuenta y ocho

                                                        67

23. noventa

                                                        89

24. ochenta y nueve

Me llamo _____ **Fecha** _____

25.

26.

27.

28.

29.

30.

VOCABULARY/ACTIVITY MASTERS

LEARNING SYSTEM B

© National Textbook Company

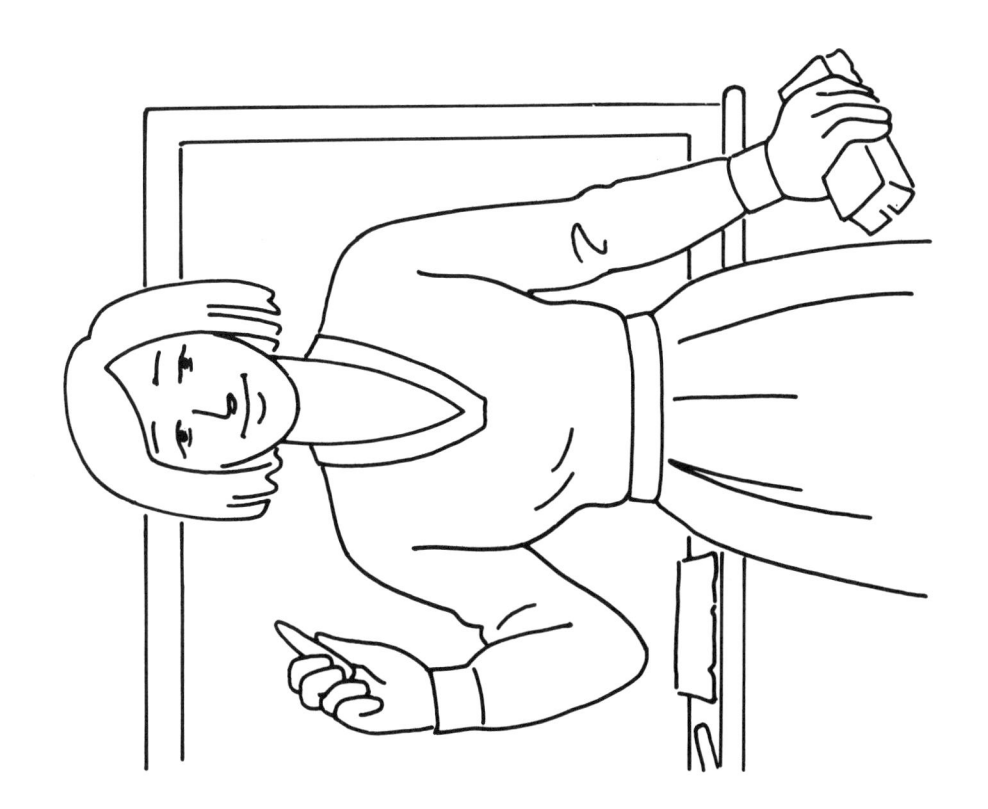

¡Viva el español!
Master 1

LEARNING SYSTEM B

© National Textbook Company

¡Viva el español!

Master 1

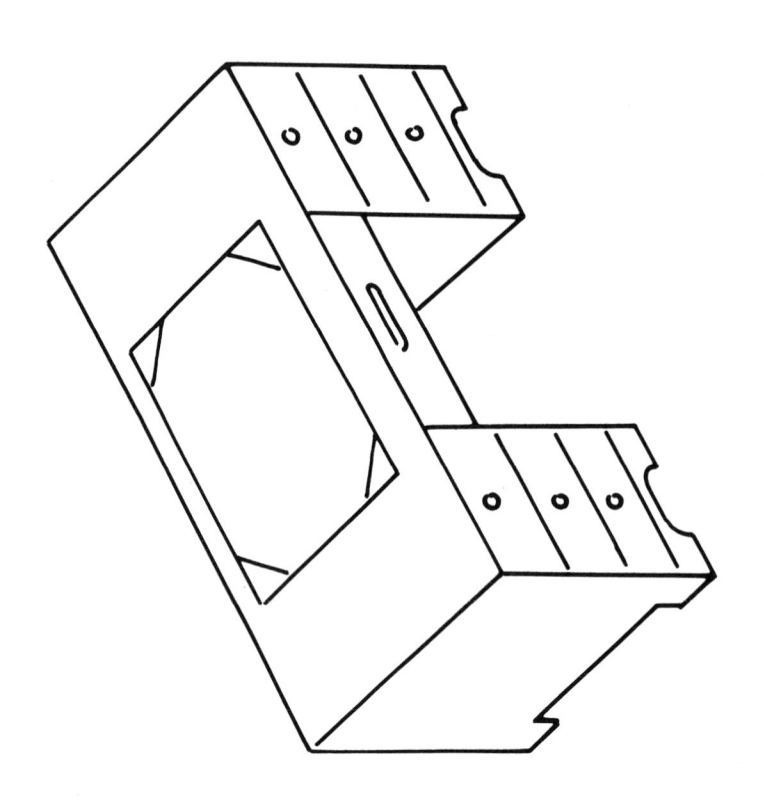

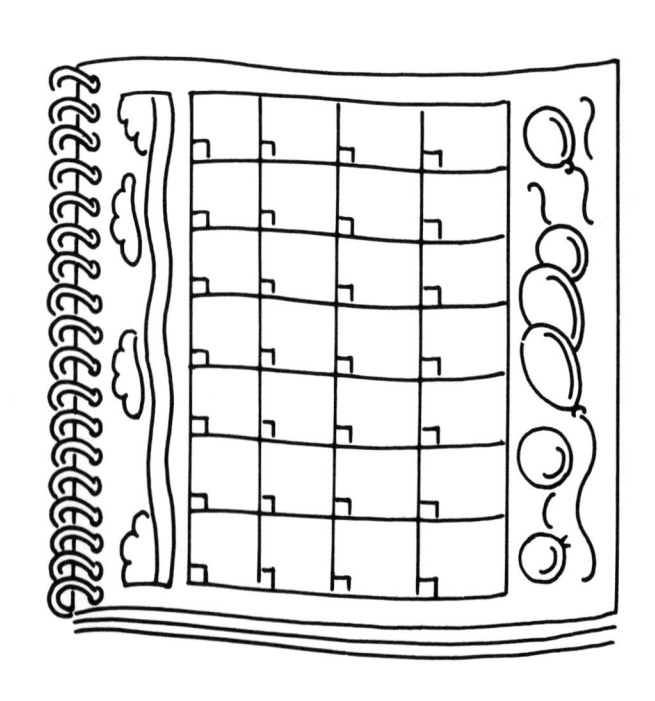

LEARNING SYSTEM B

© National Textbook Company

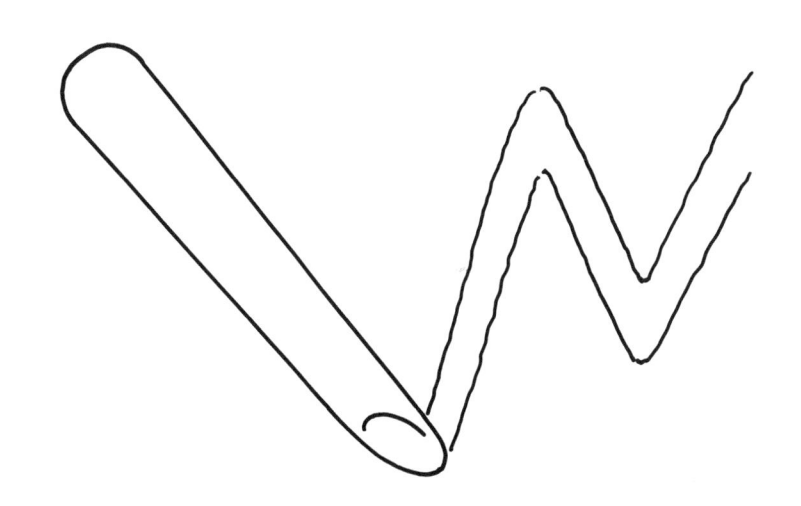

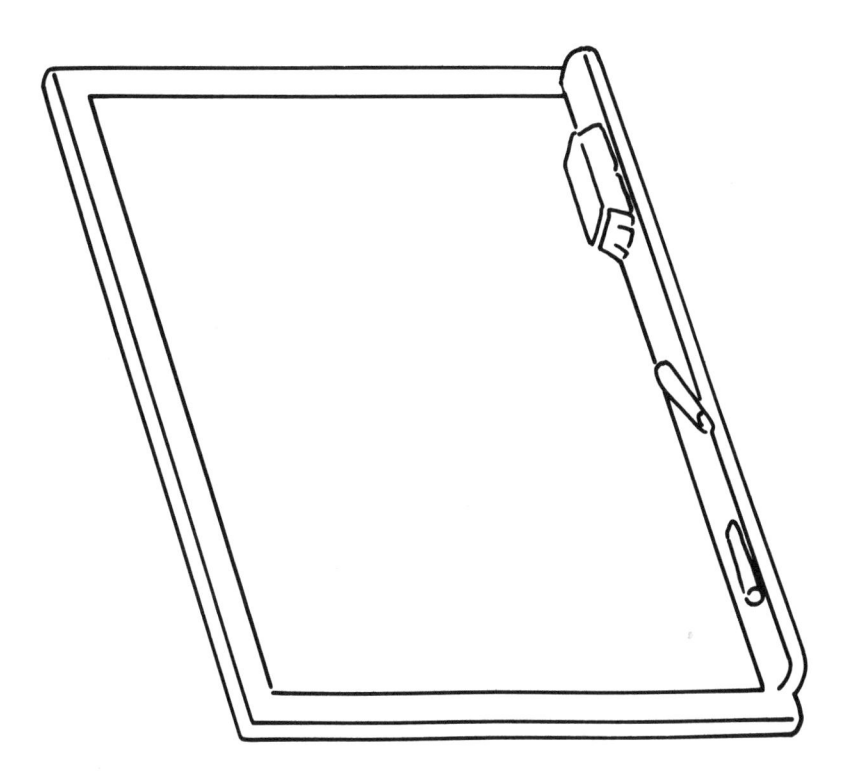

¡Viva el español!
Master **2**

LEARNING SYSTEM B

© National Textbook Company

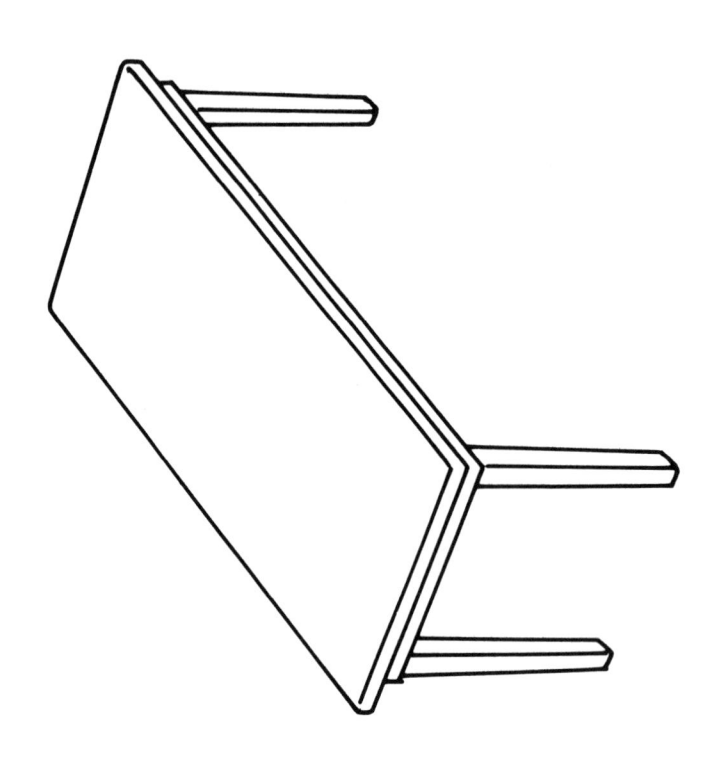

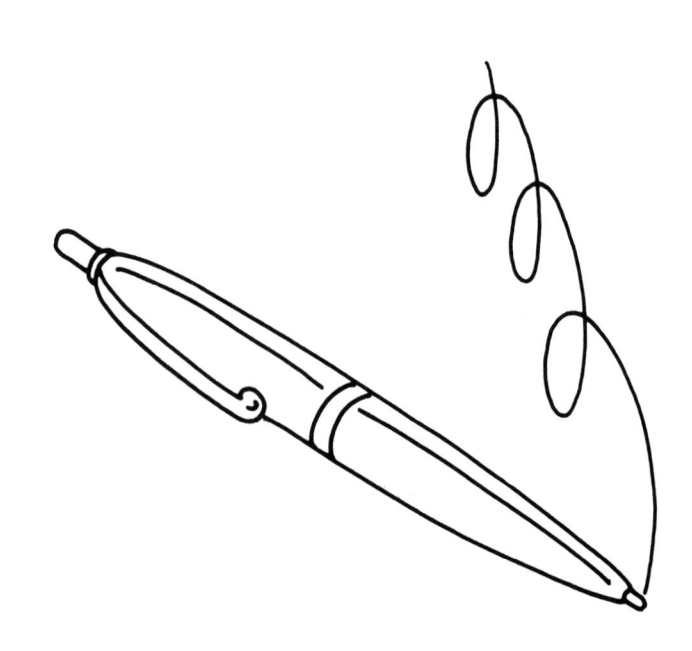

¡Viva el español!

Master **2**

LEARNING SYSTEM B

© National Textbook Company

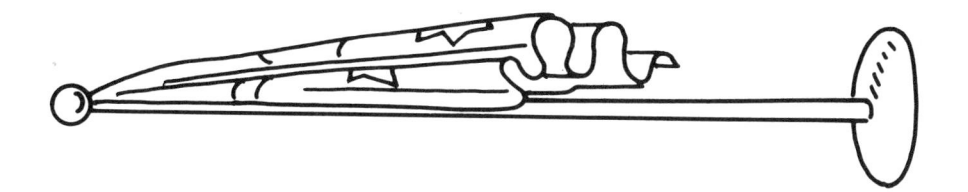

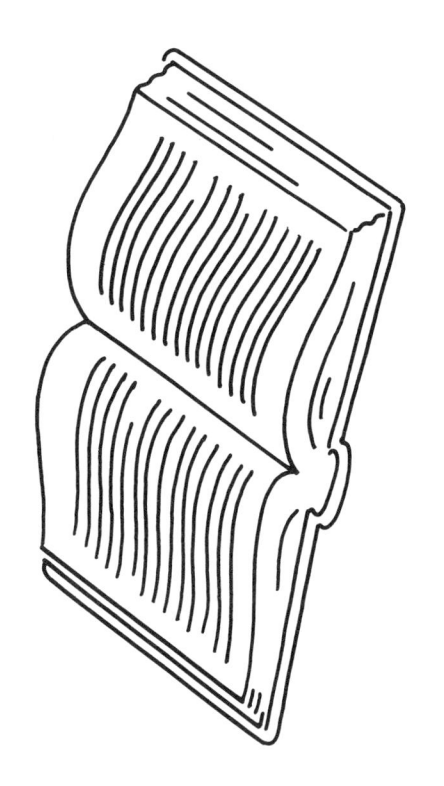

¡Viva el español!
Master **3**

LEARNING SYSTEM B

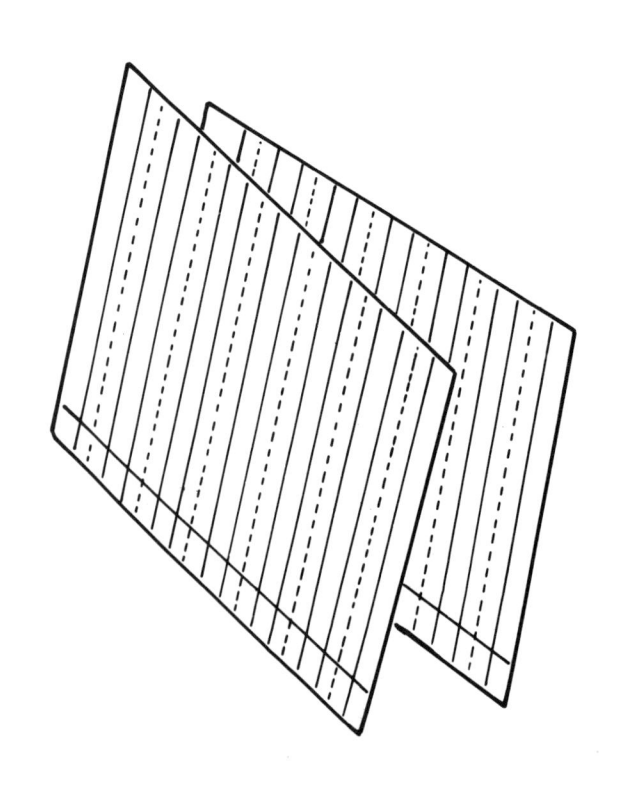

© National Textbook Company

¡Viva el español!

Master **3**

LEARNING SYSTEM B

© National Textbook Company

LEARNING SYSTEM B
© National Textbook Company

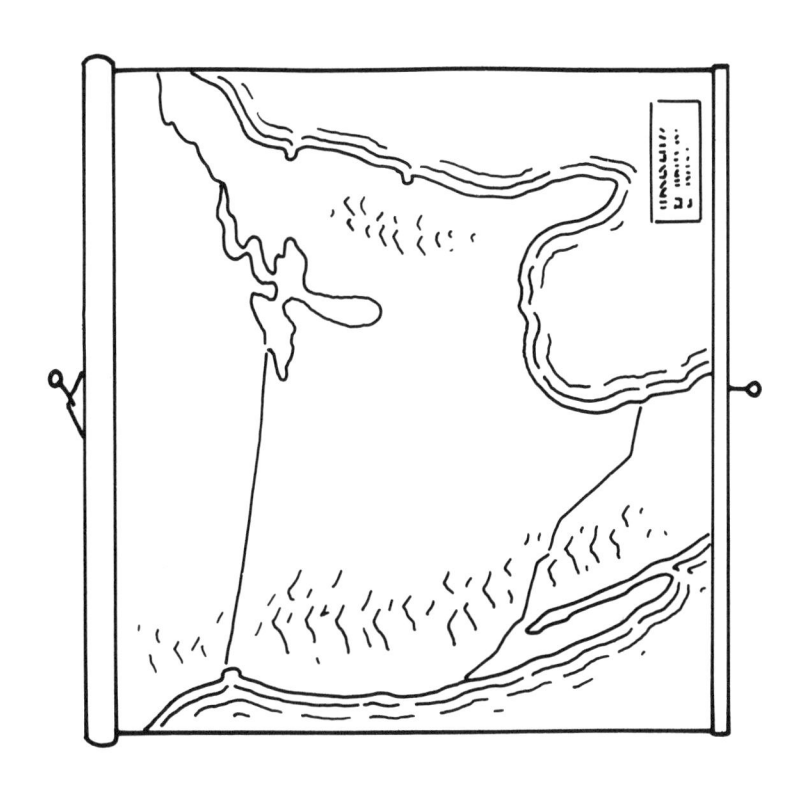

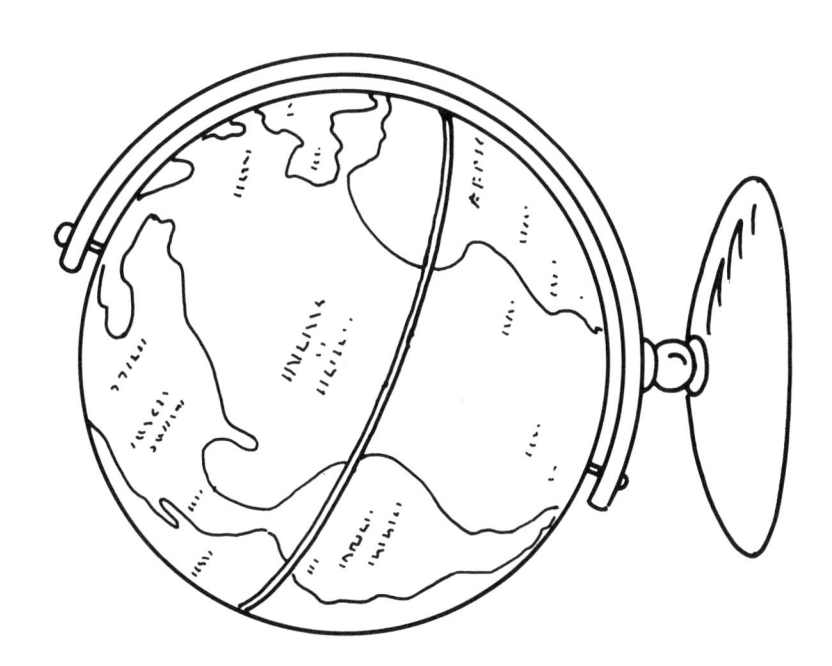

¡Viva el español!
Master **4**

LEARNING SYSTEM B
© National Textbook Company

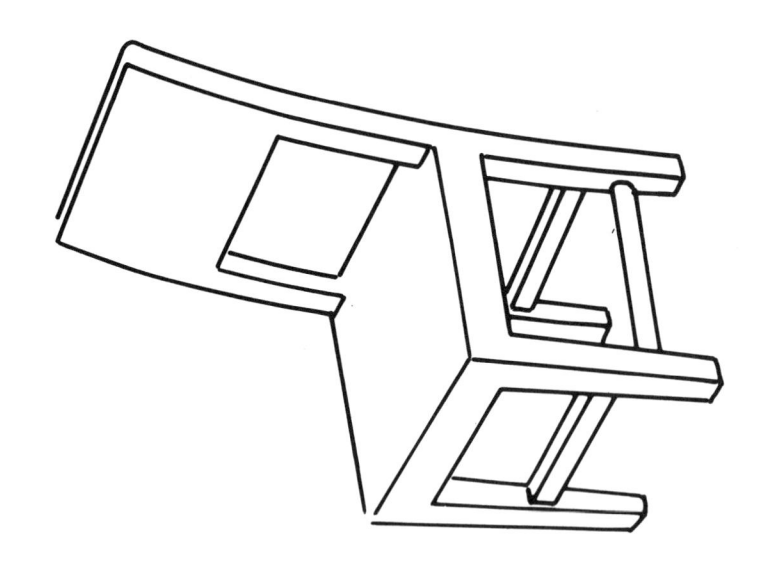

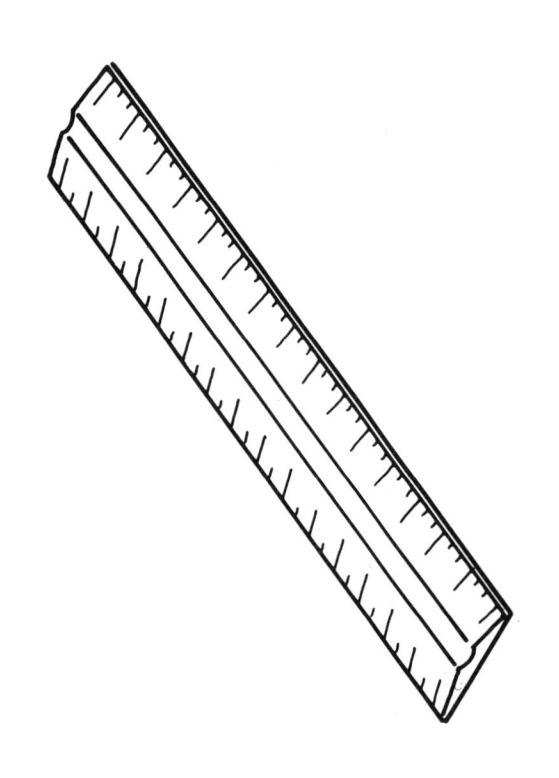

¡Viva el español!
Master **4**

LEARNING SYSTEM B

© National Textbook Company

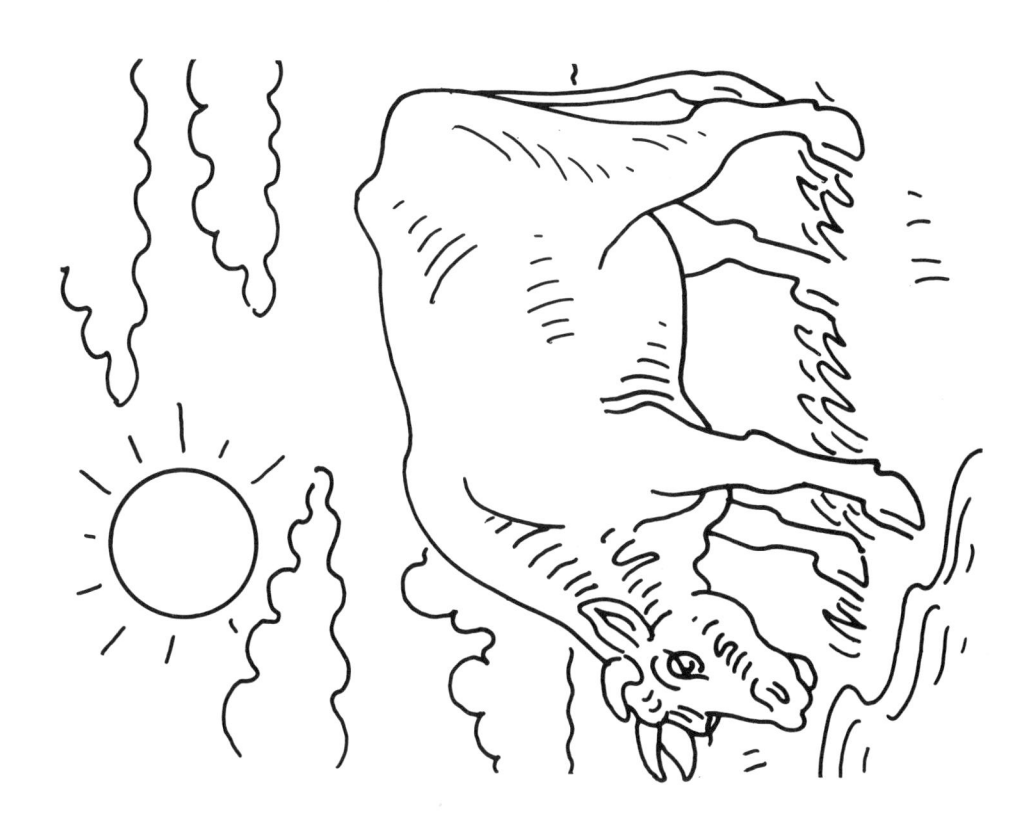

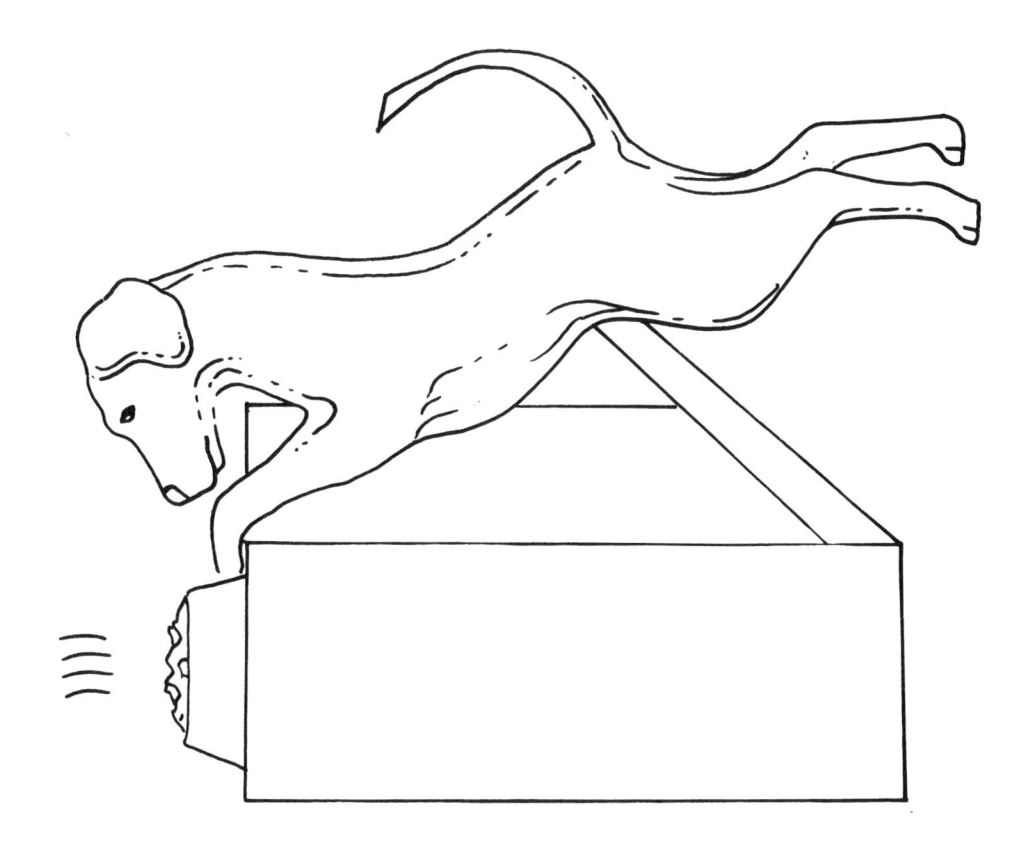

¡Viva el español!
Master **5**

LEARNING SYSTEM B
© National Textbook Company

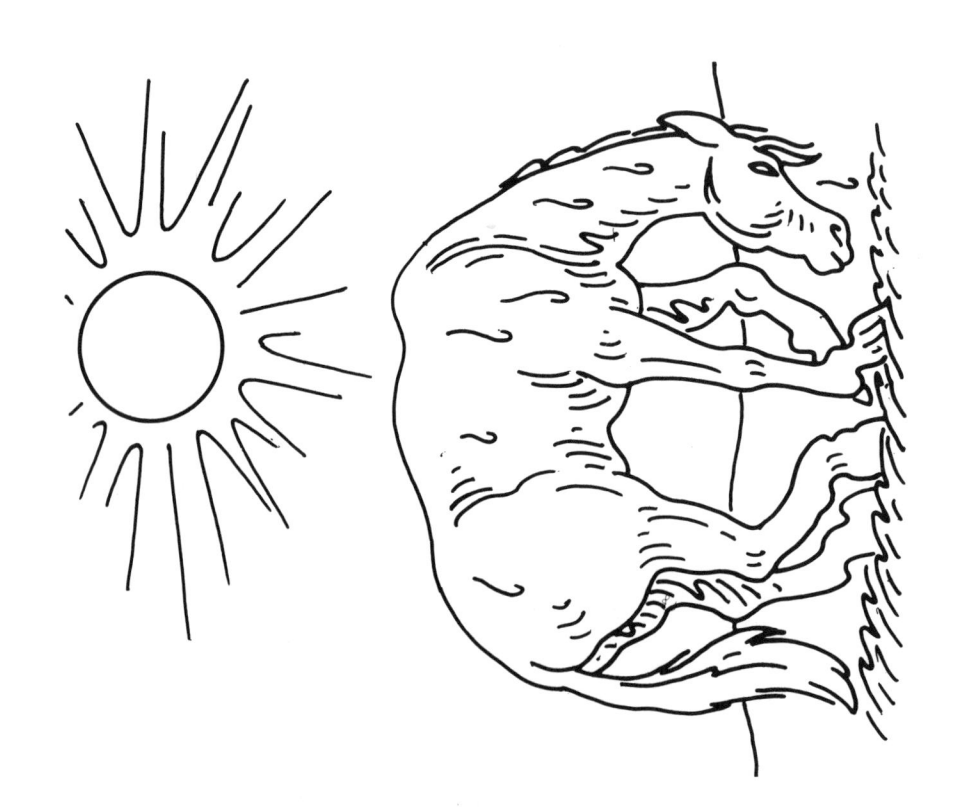

¡Viva el español!
Master **5**

LEARNING SYSTEM B

© National Textbook Company

¡Viva el español!
Master **6**

LEARNING SYSTEM B

© National Textbook Company

¡Viva el español!

Master **6**

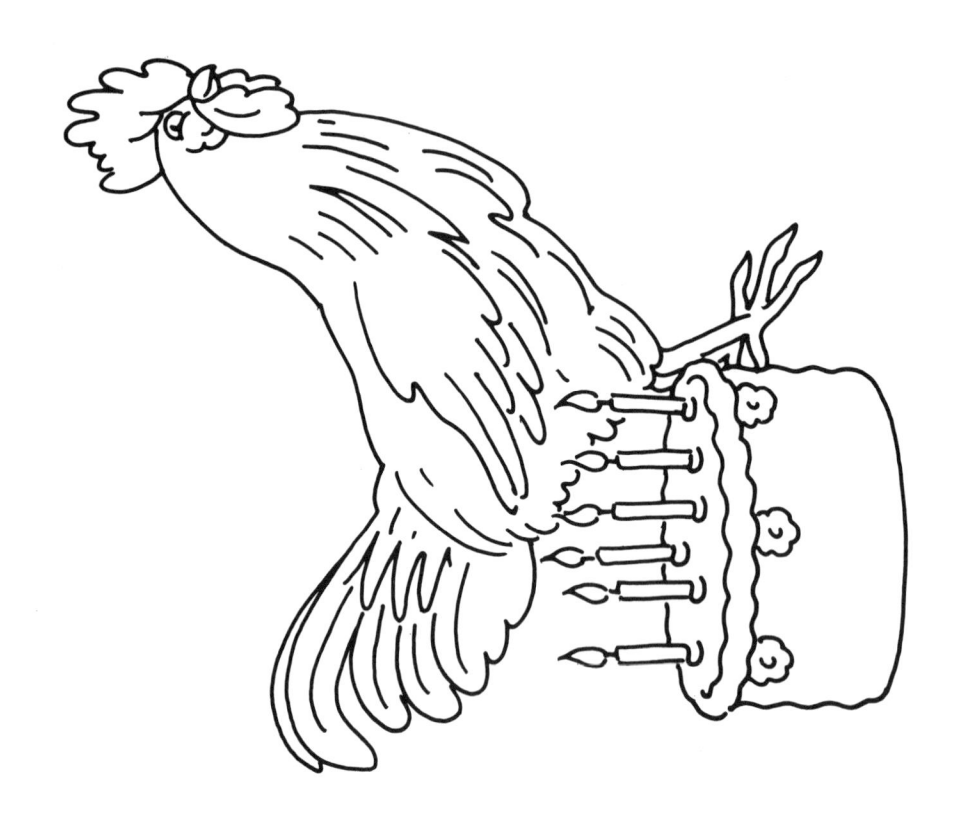

LEARNING SYSTEM B

© National Textbook Company

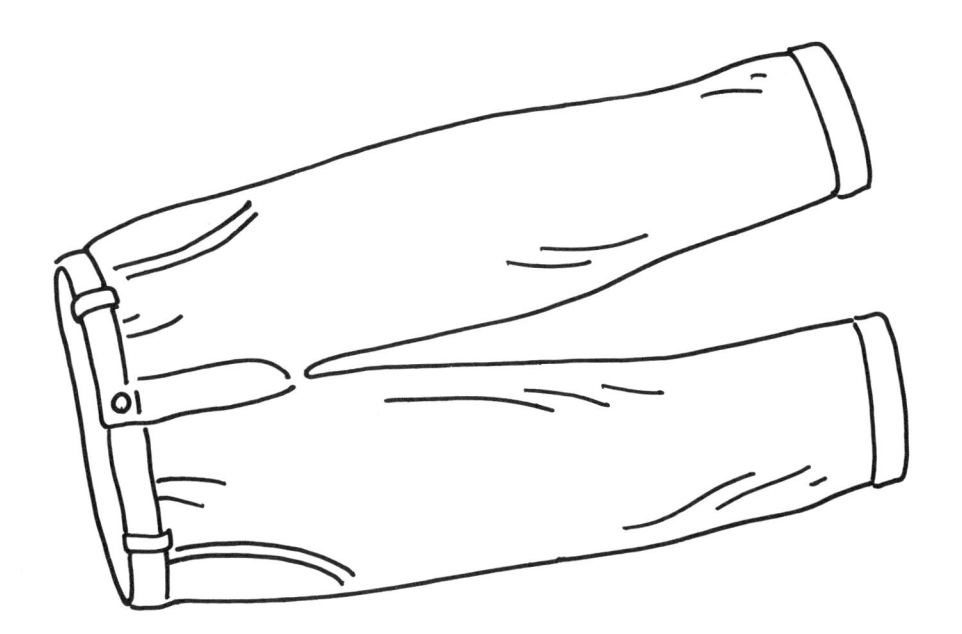

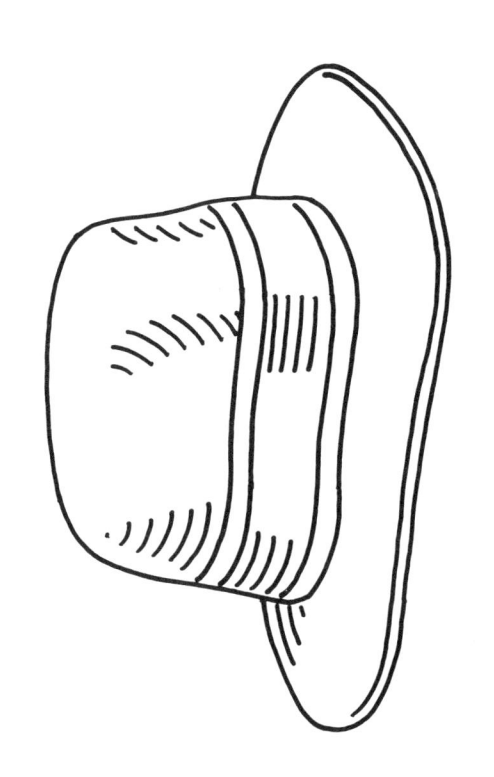

¡Viva el español!
Master **7**

LEARNING SYSTEM B

© National Textbook Company

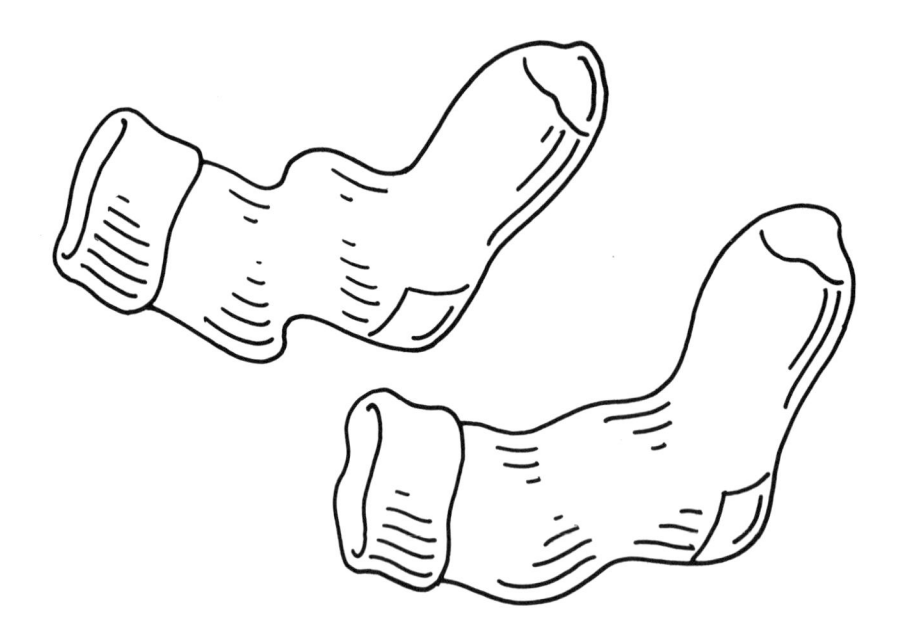

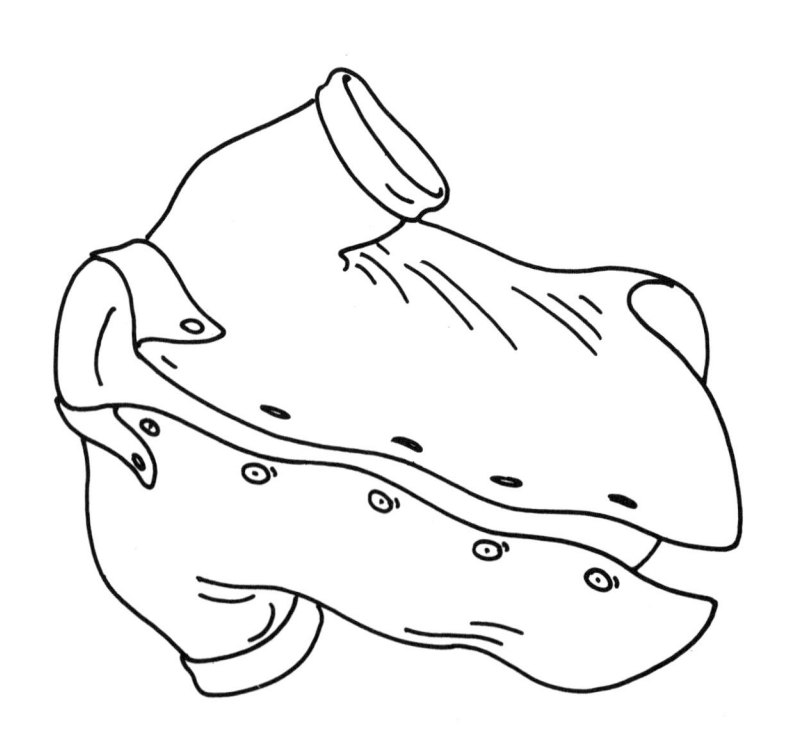

¡Viva el español!
Master **7**

LEARNING SYSTEM B

© National Textbook Company

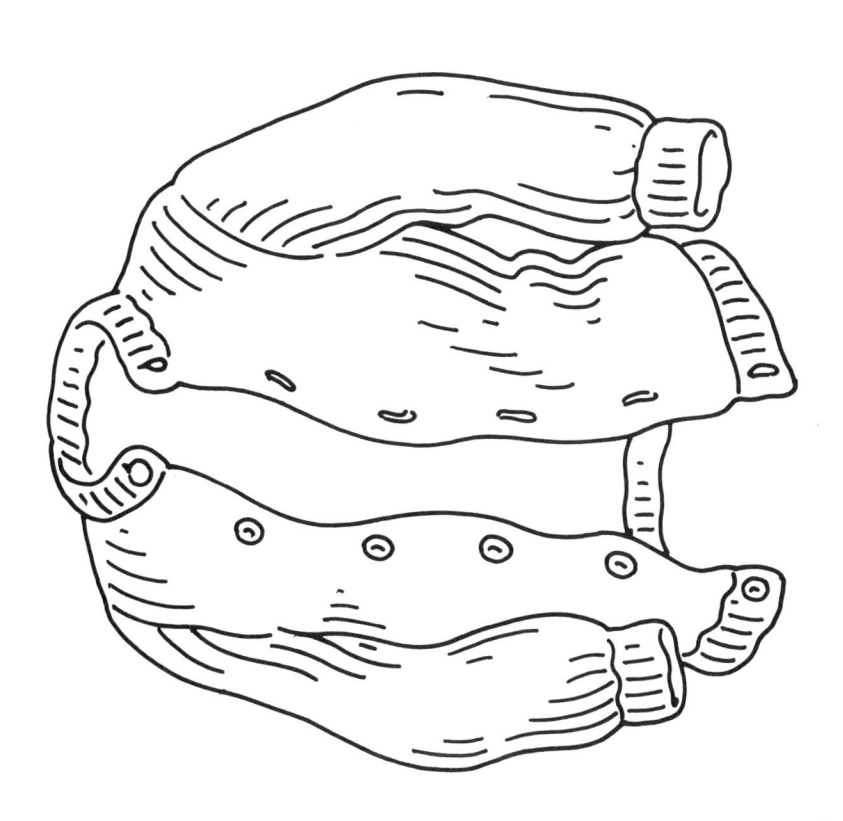

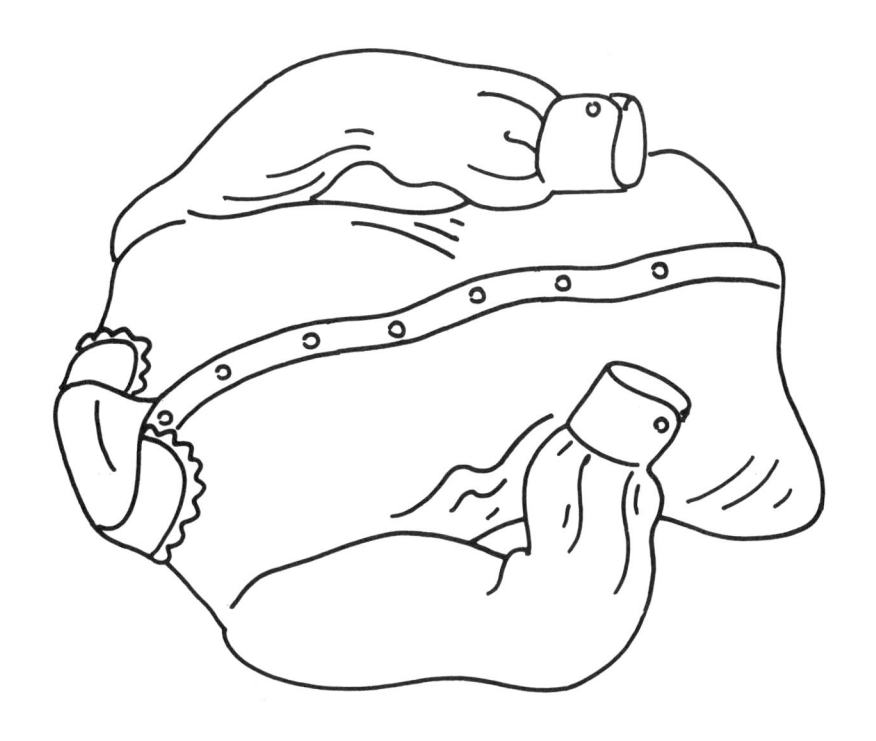

¡Viva el español!
Master **8**

LEARNING SYSTEM B

© National Textbook Company

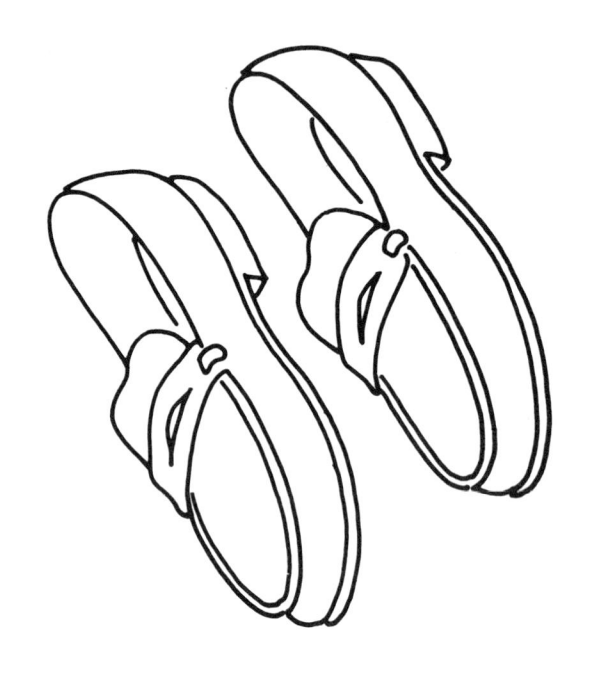

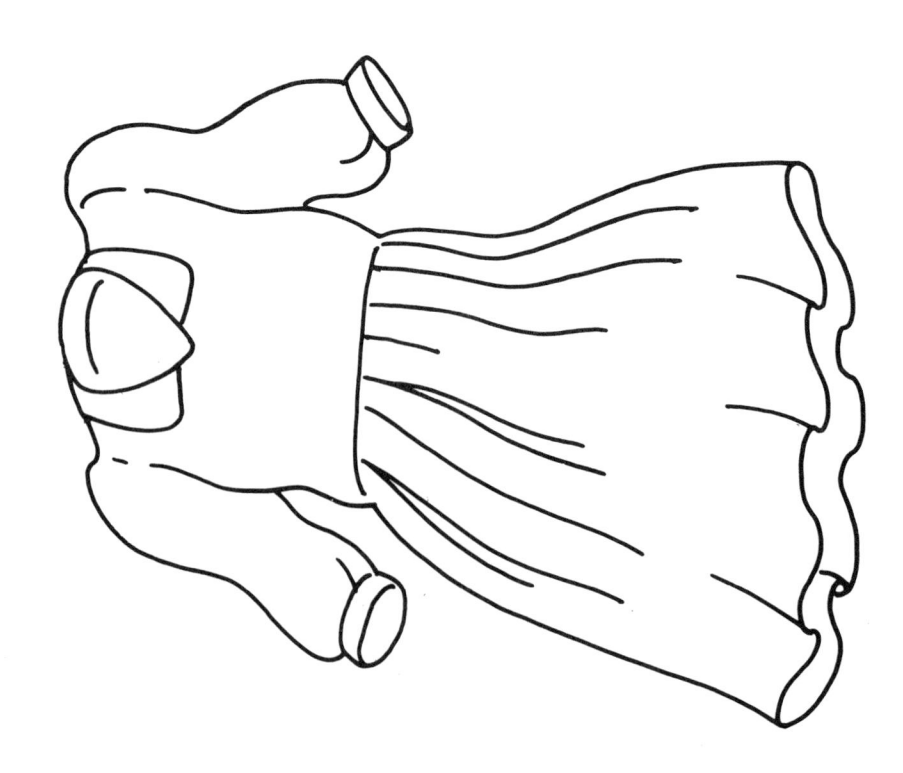

¡Viva el español!
Master **8**

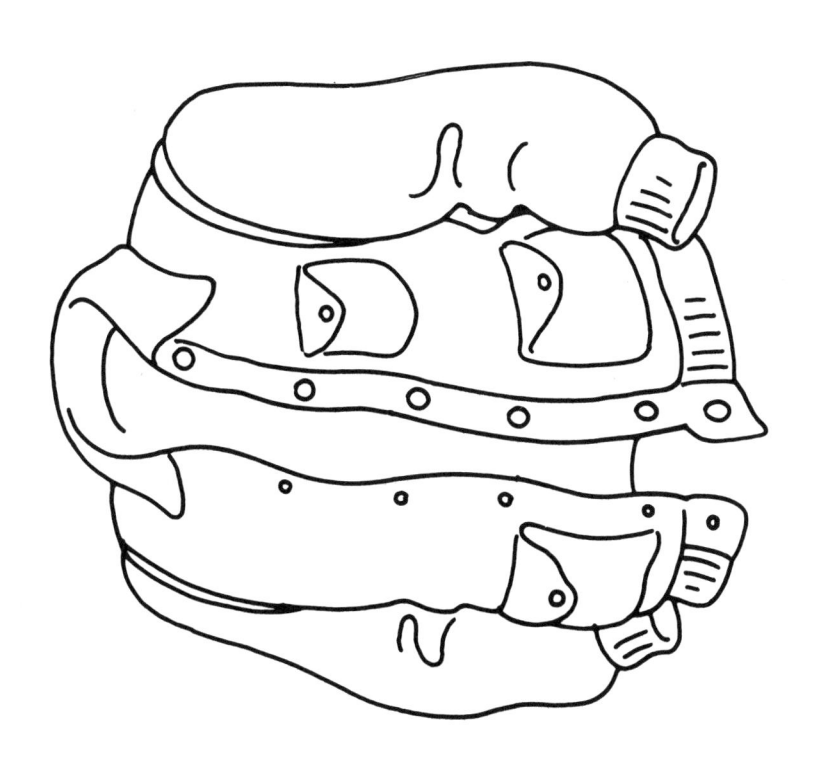

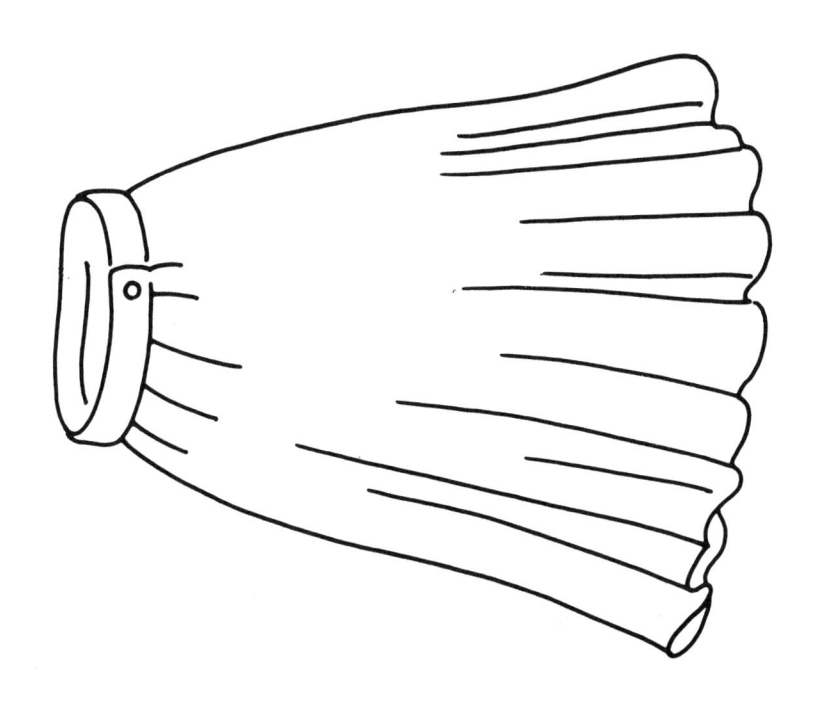

LEARNING SYSTEM B

© National Textbook Company

¡Viva el español!
Master **9**

LEARNING SYSTEM B

© National Textbook Company

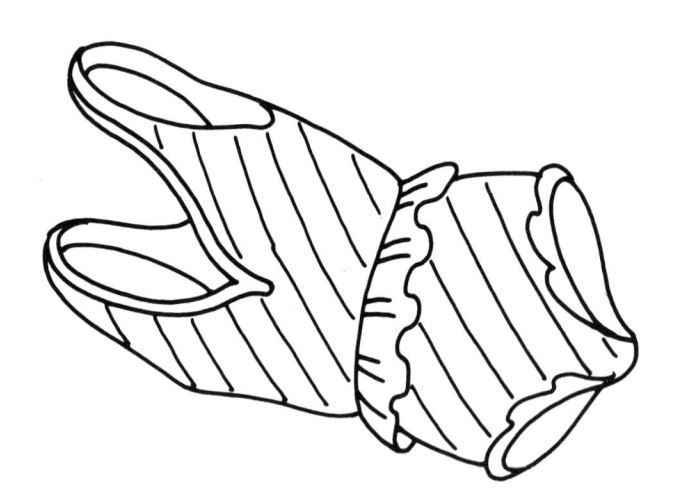

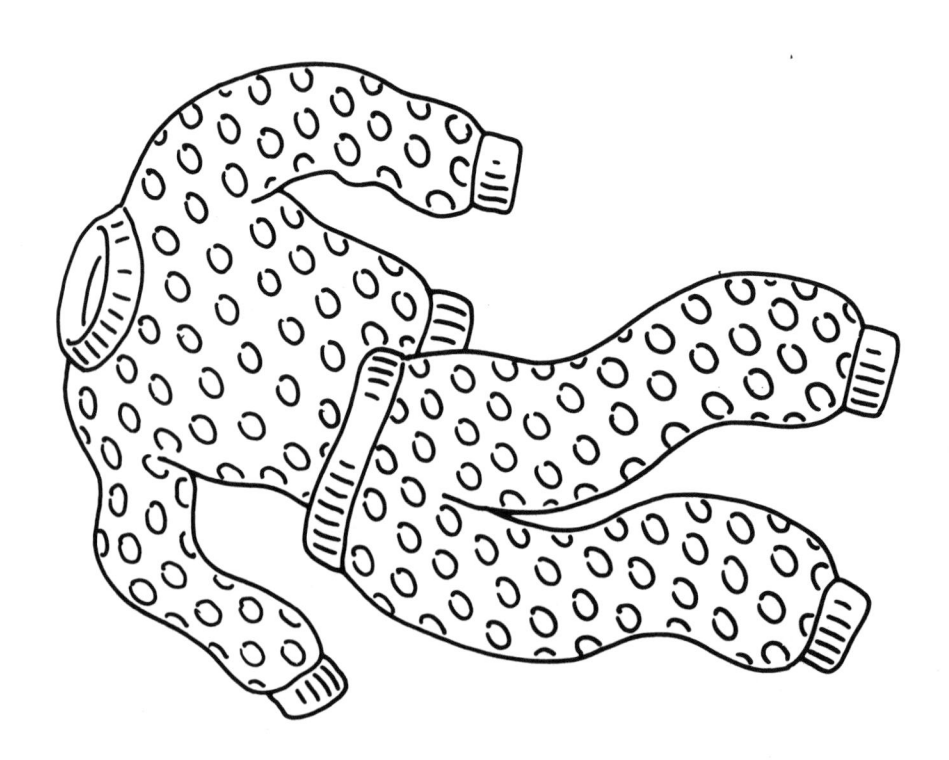

¡Viva el español!

Master **9**

LEARNING SYSTEM B

© National Textbook Company

¡Viva el español!
Master **10**

LEARNING SYSTEM B

© National Textbook Company

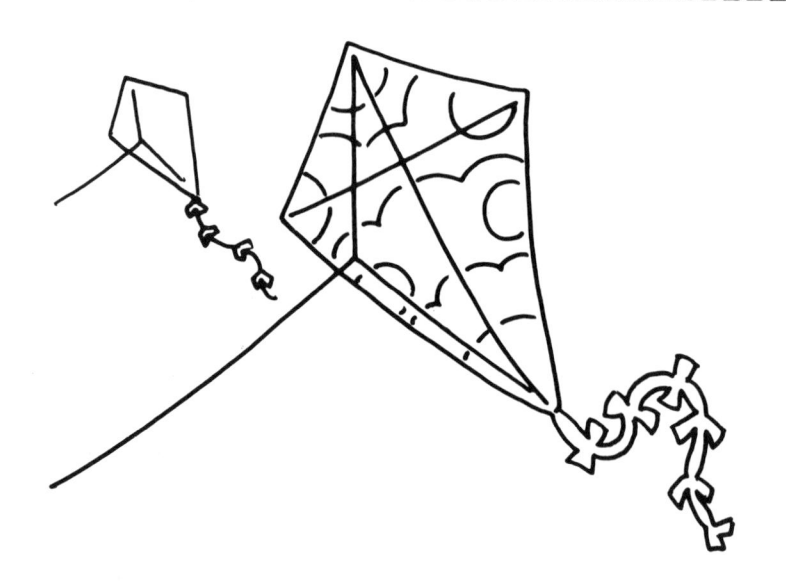

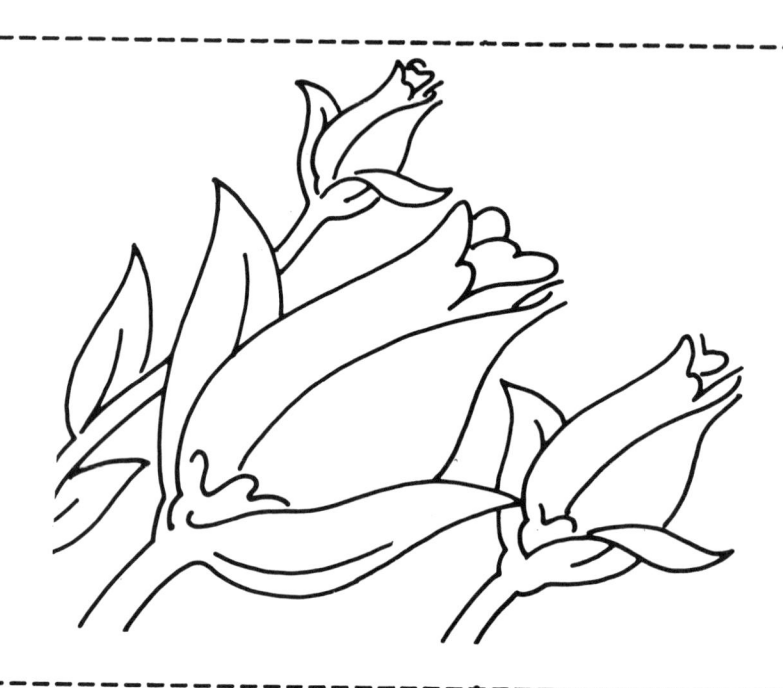

¡Viva el español!
Master **10**

LEARNING SYSTEM B
© National Textbook Company

¡Viva el español!
Master **11**

LEARNING SYSTEM B

© National Textbook Company

¡Viva el español!
Master **11**

LEARNING SYSTEM B
© National Textbook Company

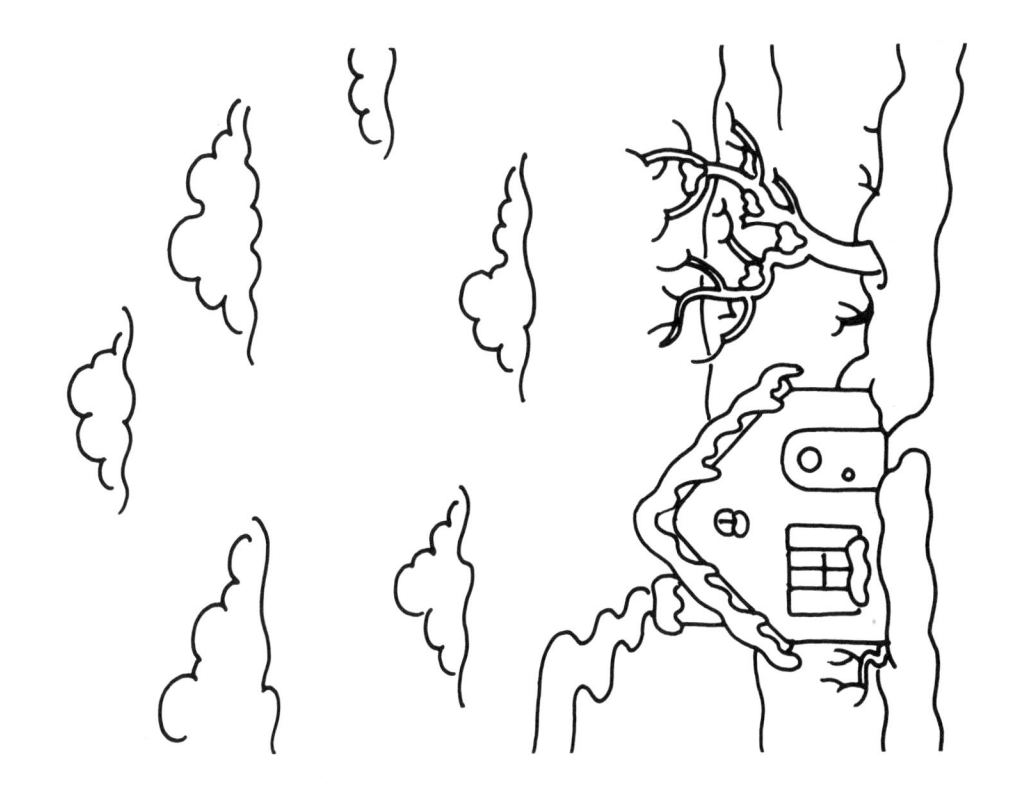

¡Viva el español!
Master **12**

# LEARNING SYSTEM B

© National Textbook Company

¡Viva el español!
Master **12**

LEARNING SYSTEM B

© National Textbook Company

¡Viva el español!
Master **13**

LEARNING SYSTEM B

© National Textbook Company

¡Viva el español!

Master **13**

LEARNING SYSTEM B

© National Textbook Company

¡Viva el español!
Master **14**

LEARNING SYSTEM B

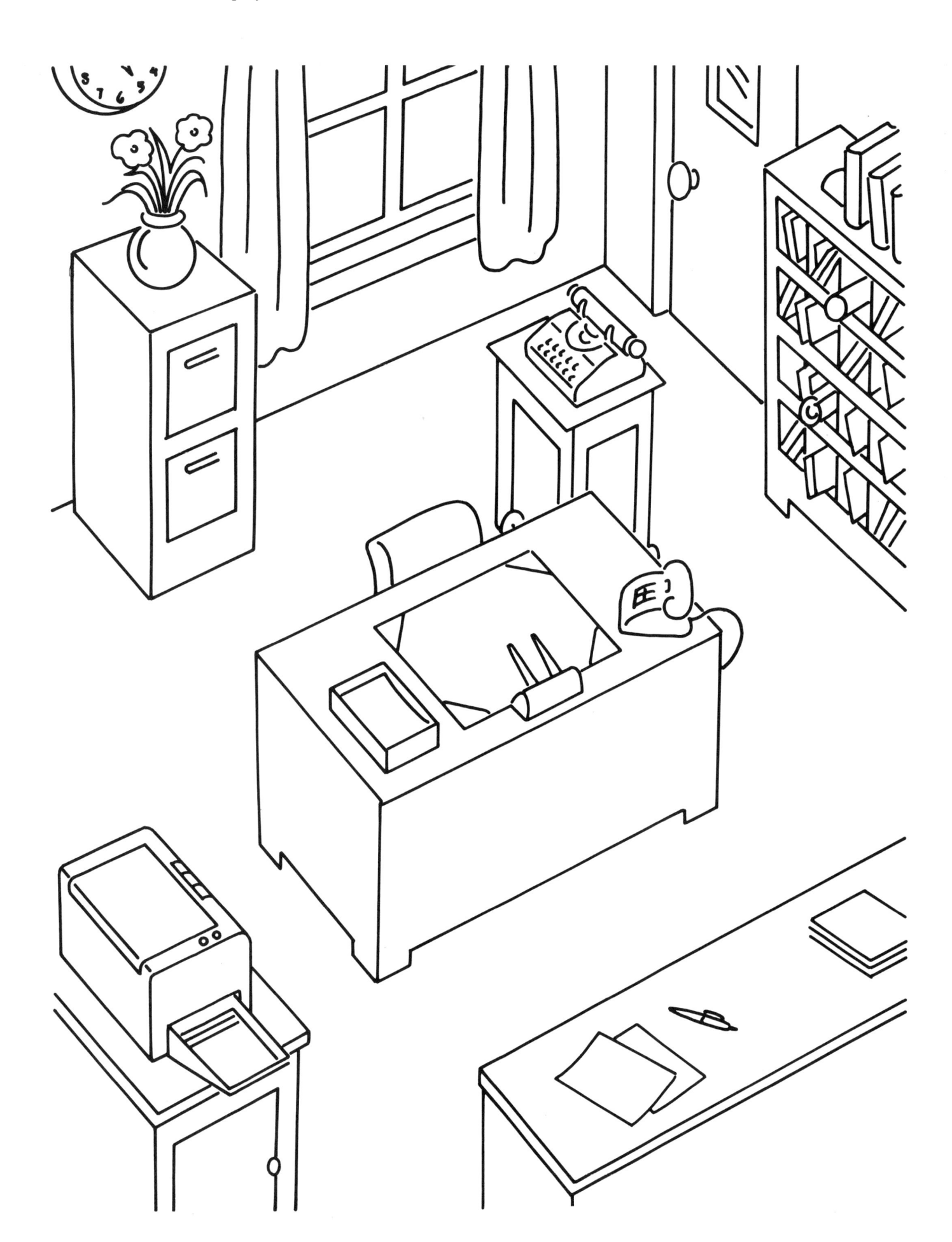

© National Textbook Company

¡Viva el español!
Master **15**

LEARNING SYSTEM B

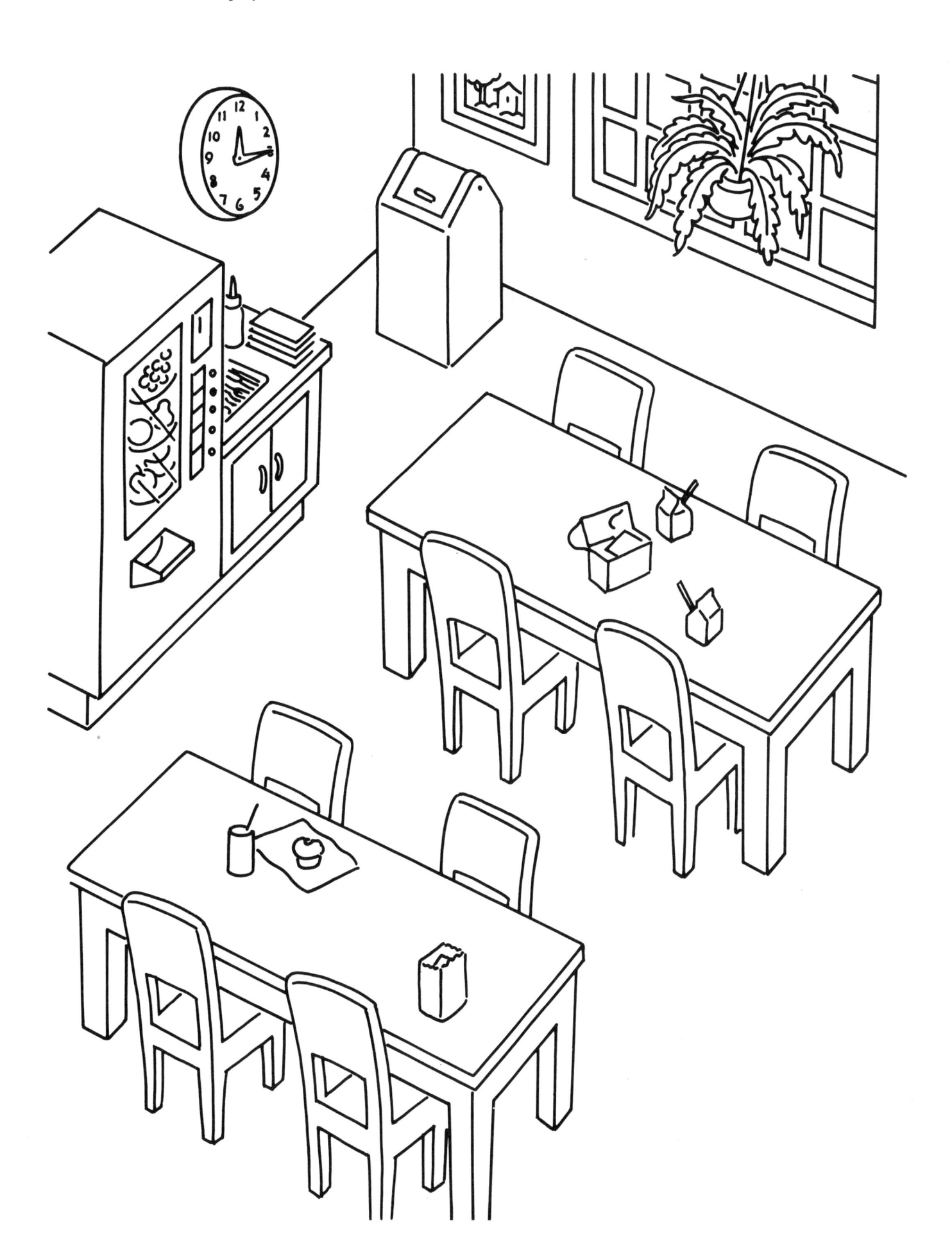

© National Textbook Company

¡Viva el español!
Master **16**

LEARNING SYSTEM B

© National Textbook Company

¡Viva el español!
Master **17**

LEARNING SYSTEM B
© National Textbook Company

¡Viva el español!
Master **18**

LEARNING SYSTEM B

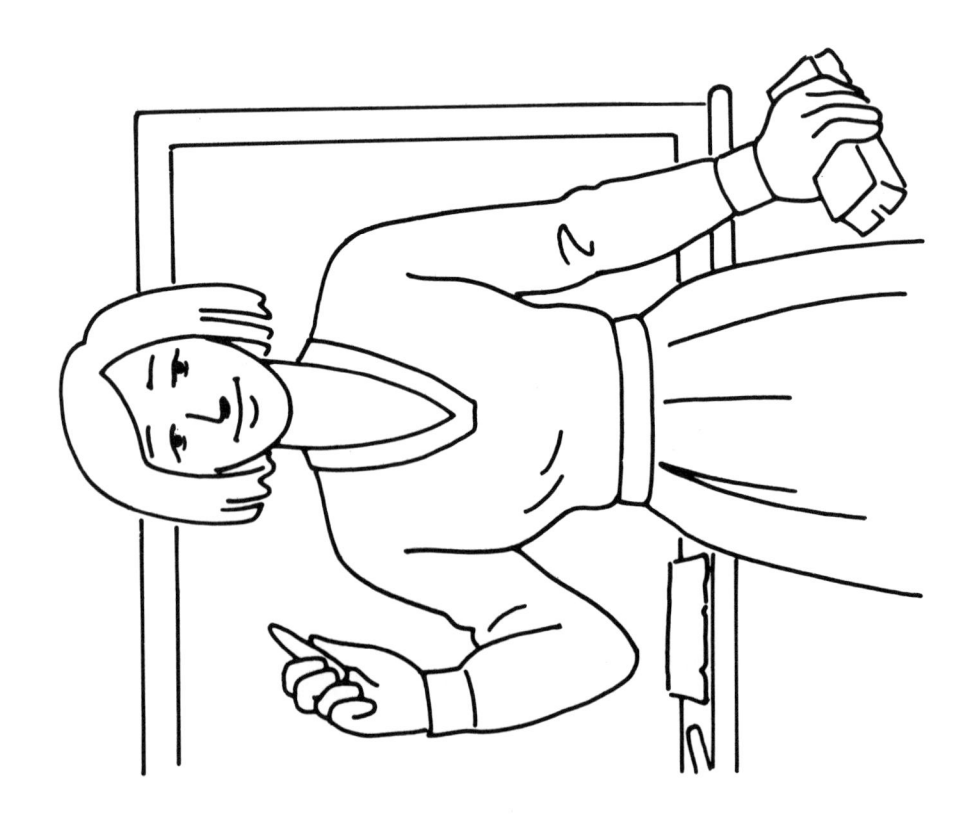

© National Textbook Company

¡Viva el español!
Master **18**

LEARNING SYSTEM B

© National Textbook Company

¡Viva el español!
Master **19**

LEARNING SYSTEM B

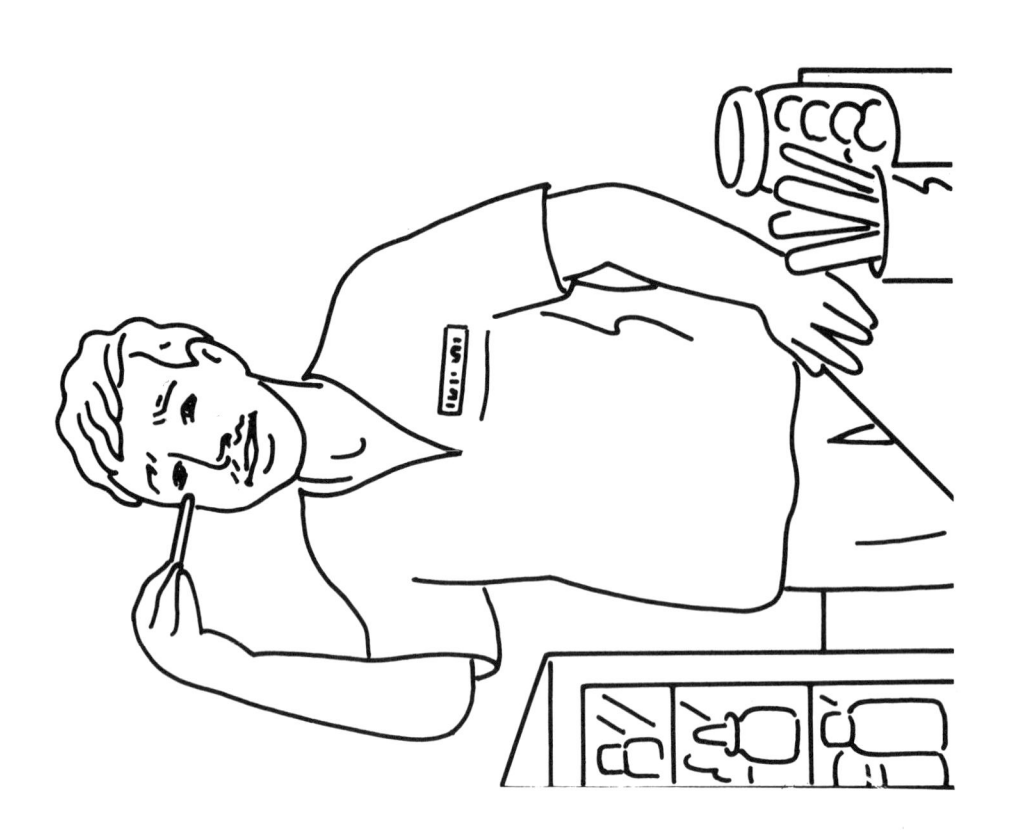

© National Textbook Company

¡Viva el español!
Master **19**

LEARNING SYSTEM B

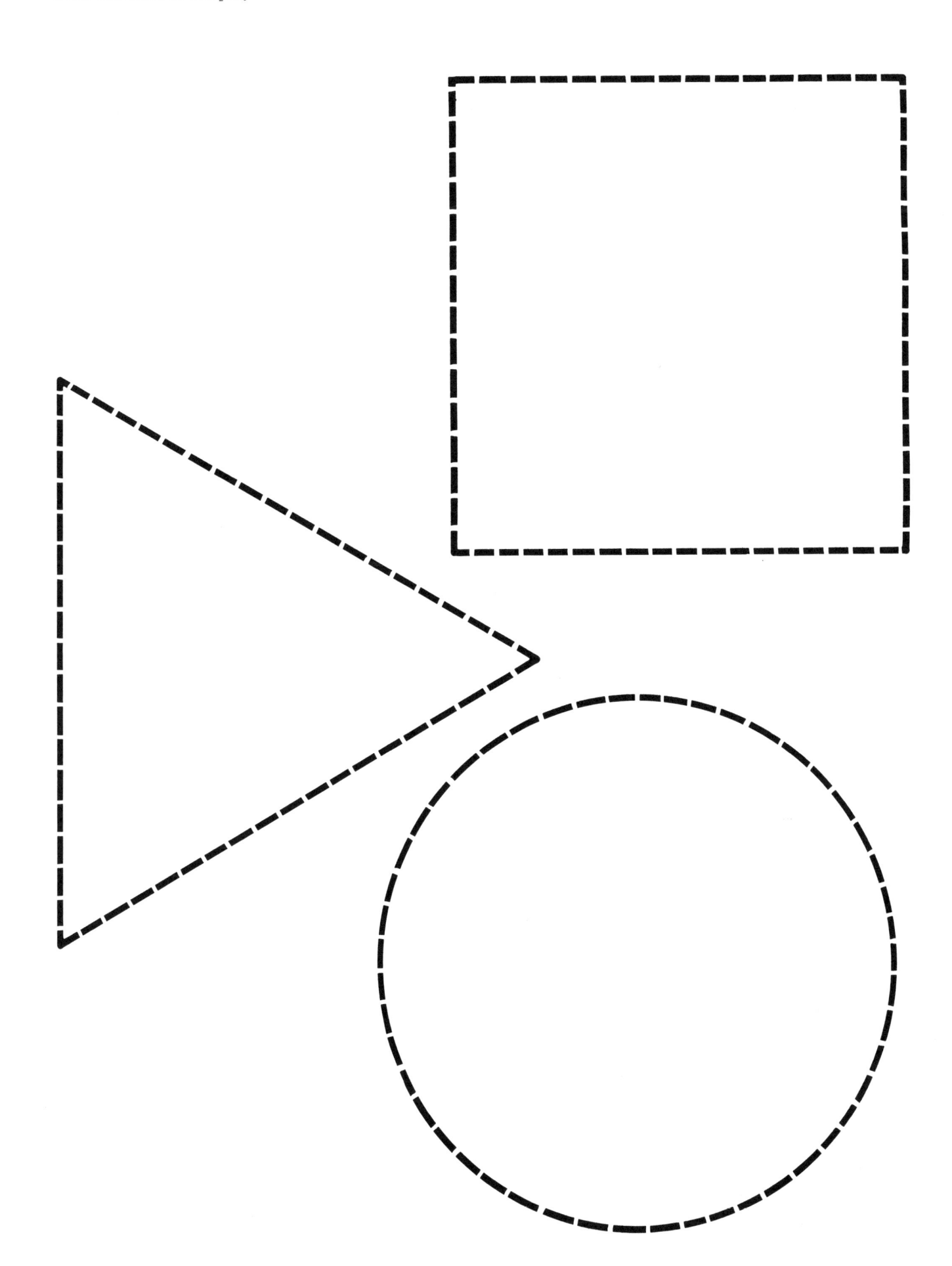

© National Textbook Company

¡Viva el español!
Master **20**

LEARNING SYSTEM B

© National Textbook Company

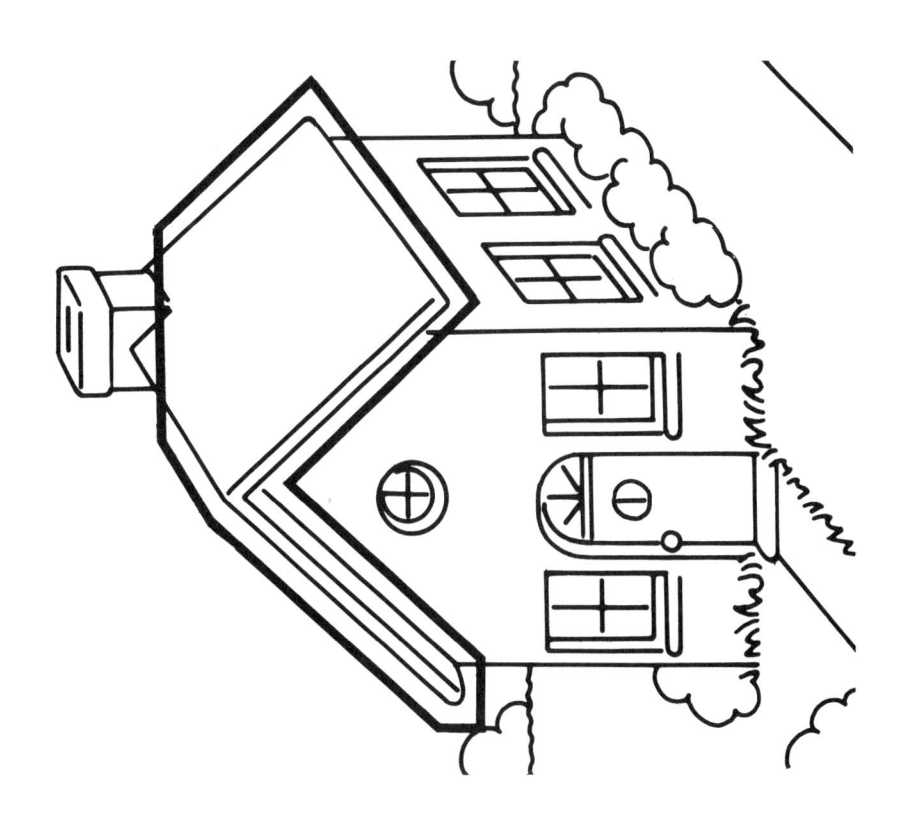

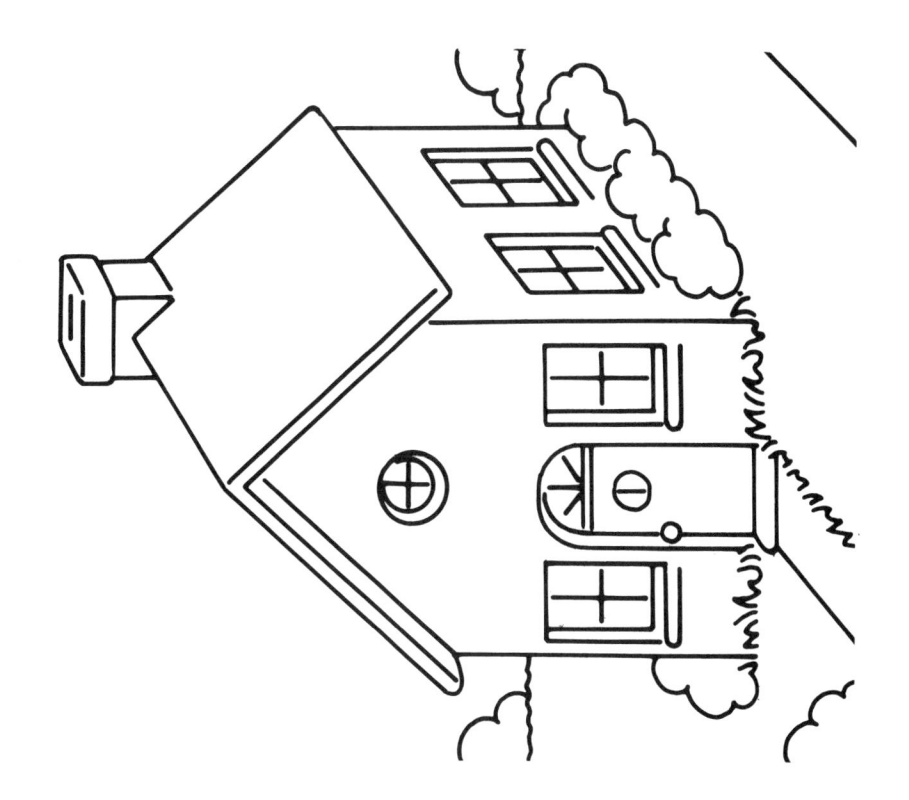

¡Viva el español!
Master **21**

LEARNING SYSTEM B

© National Textbook Company

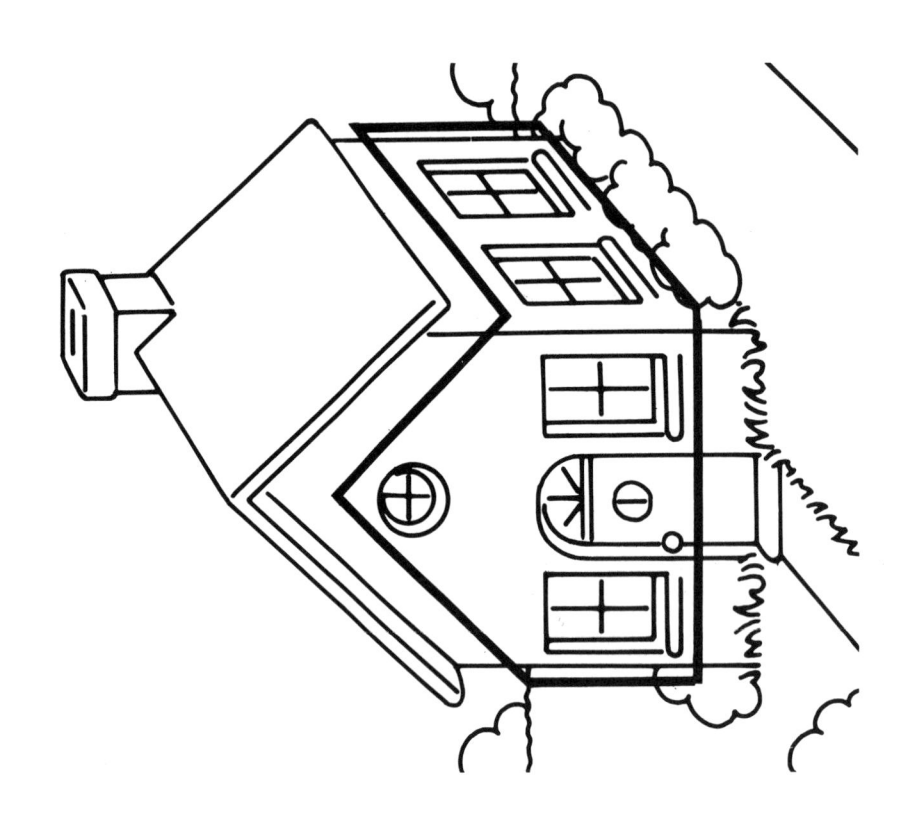

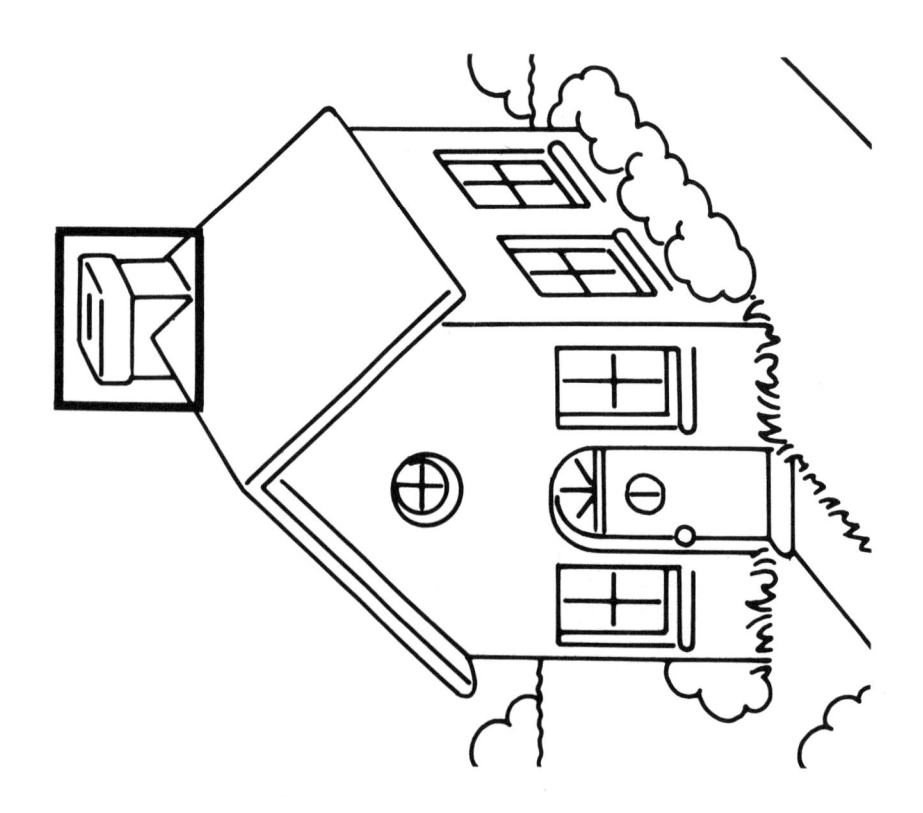

¡Viva el español!
Master **21**

LEARNING SYSTEM B

© National Textbook Company

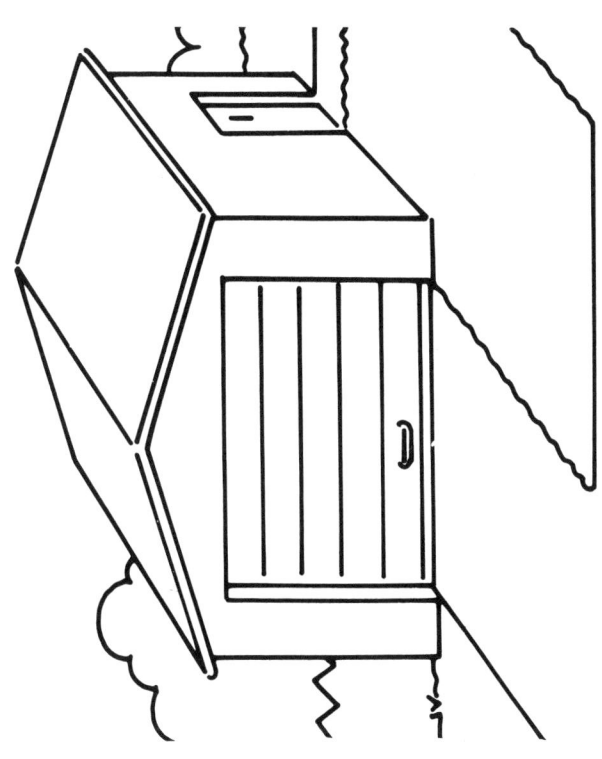

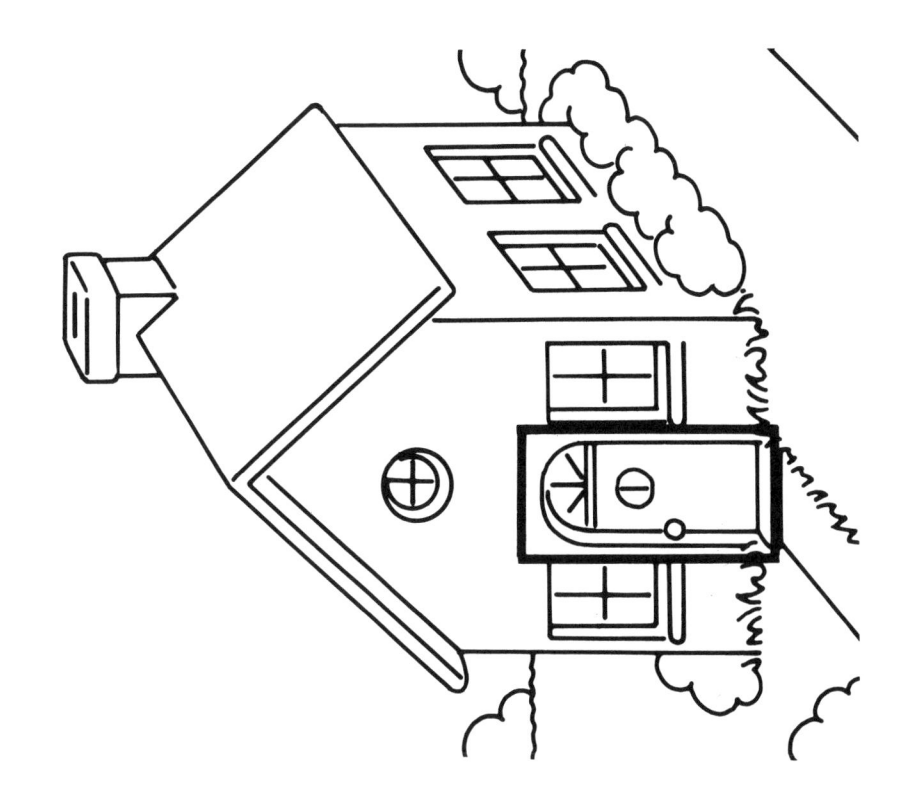

¡Viva el español!
Master **22**

LEARNING SYSTEM B

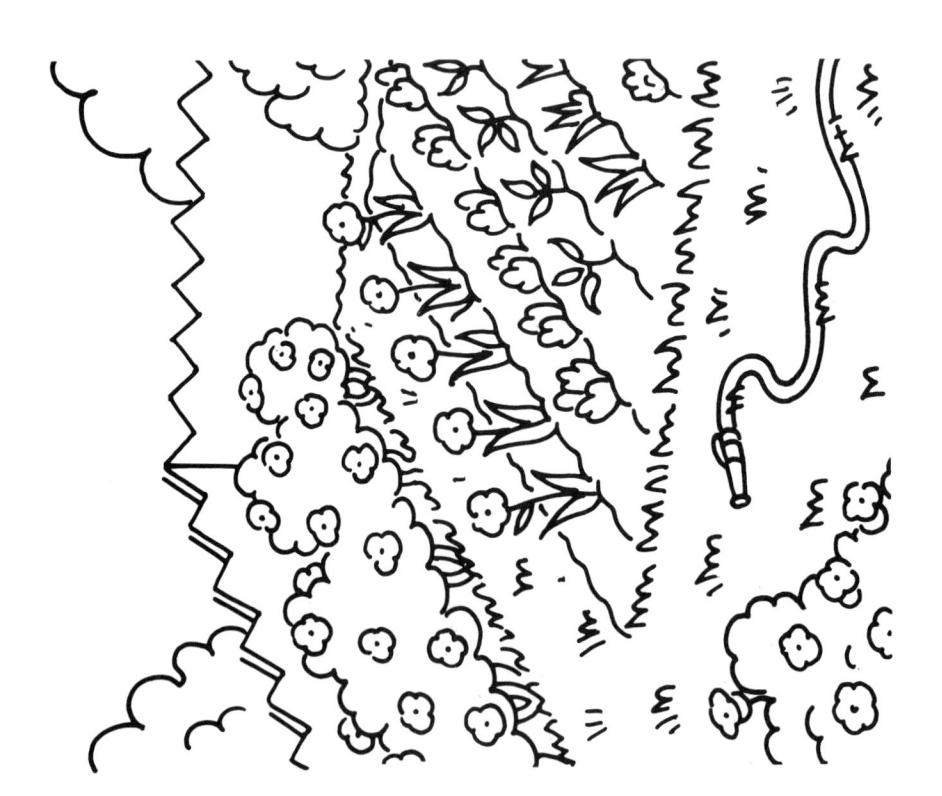

© National Textbook Company

¡Viva el español!
Master **22**

© National Textbook Company

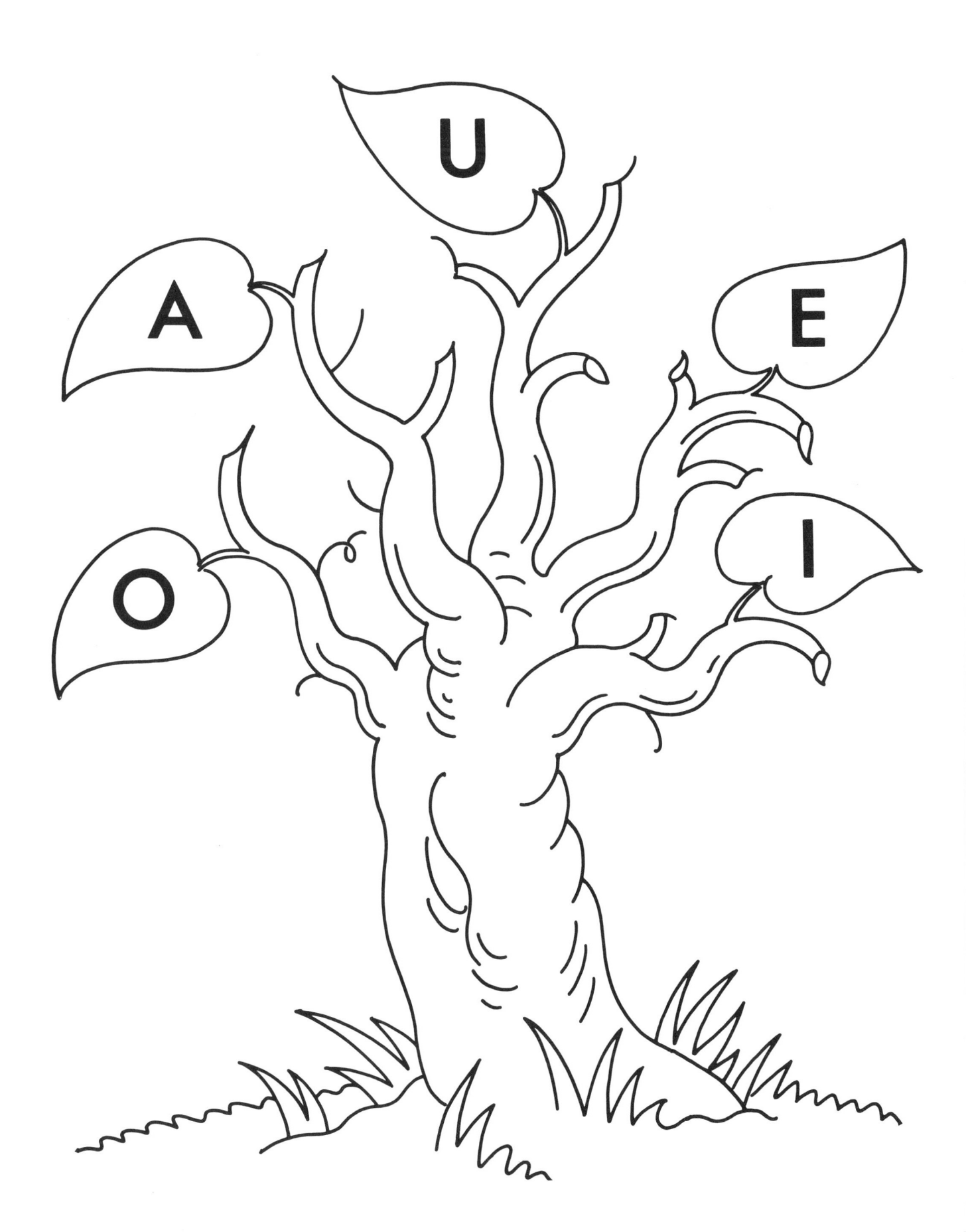

¡Viva el español!
Master **23**

LEARNING SYSTEM B

© National Textbook Company

¡Viva el español!
Master 24

LEARNING SYSTEM B

© National Textbook Company

¡Viva el español!
Master **24**

LEARNING SYSTEM B

© National Textbook Company

¡Viva el español!
Master **25**

LEARNING SYSTEM B

© National Textbook Company

¡Viva el español!

Master **25**

LEARNING SYSTEM B

© National Textbook Company

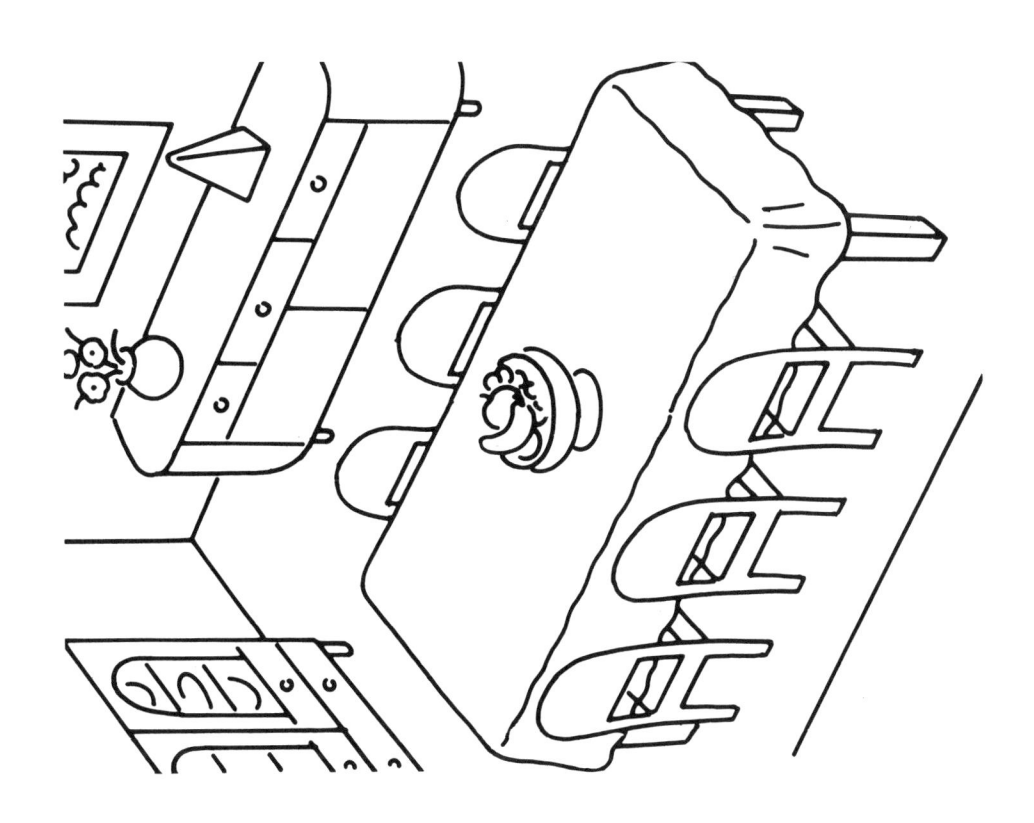

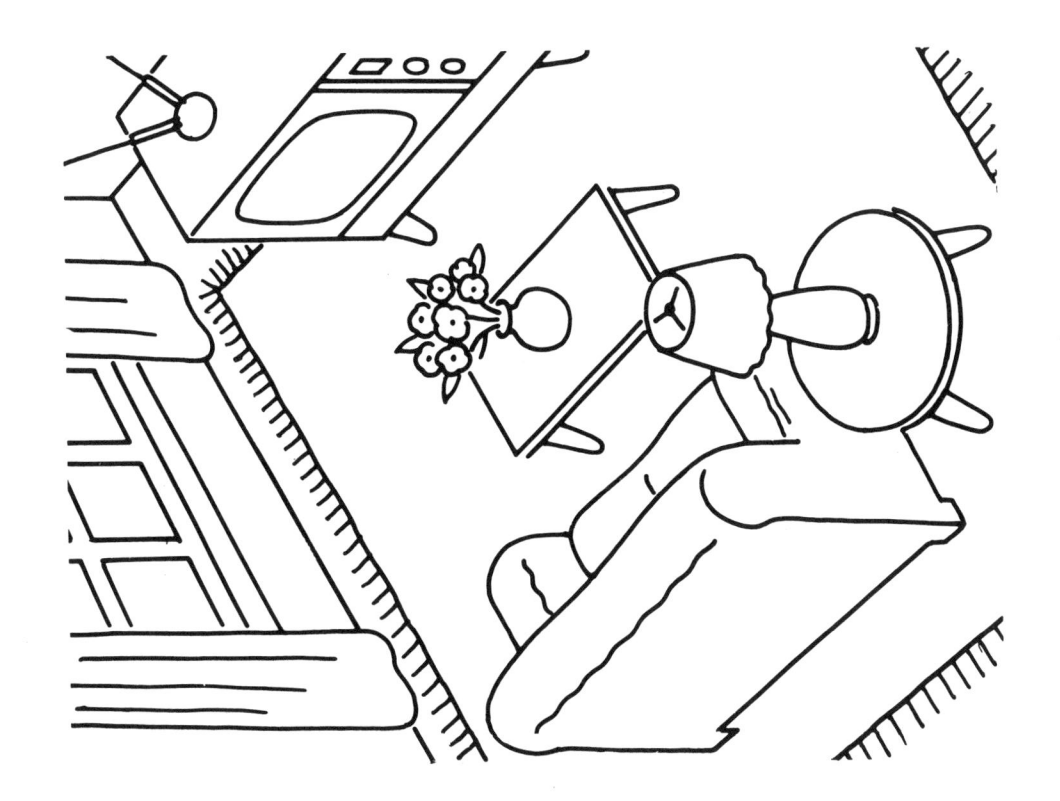

¡Viva el español!
Master **26**

LEARNING SYSTEM B

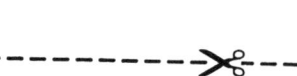

© National Textbook Company

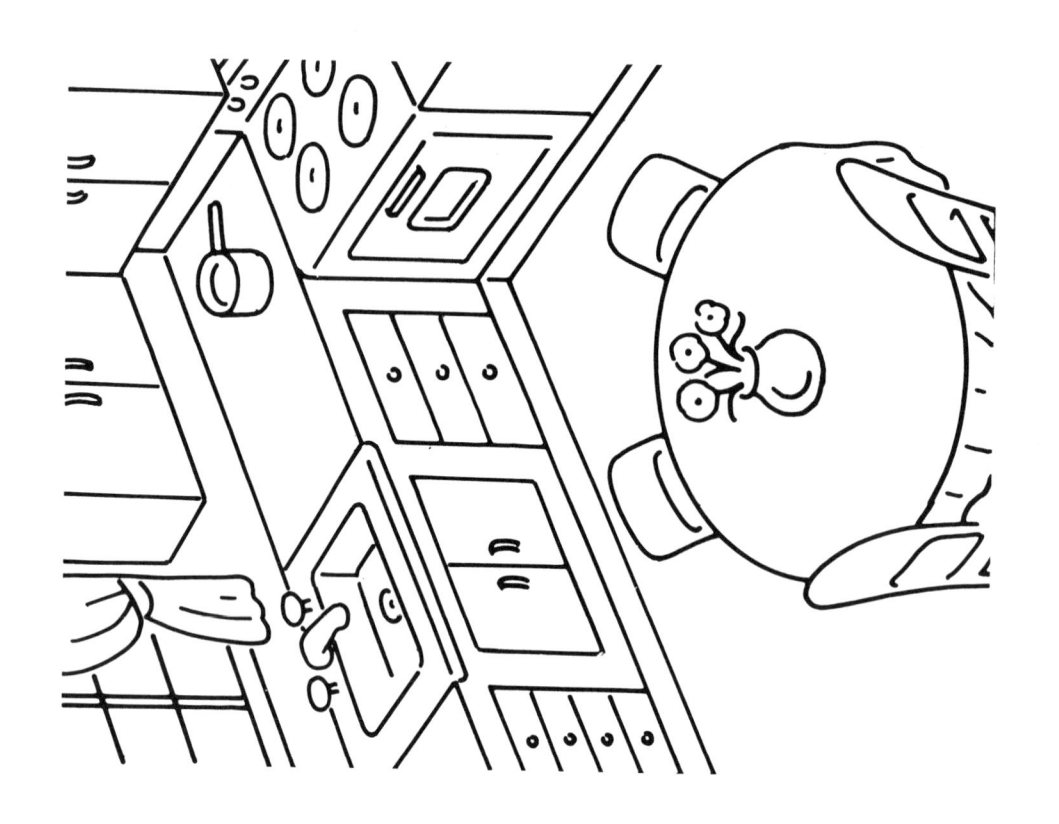

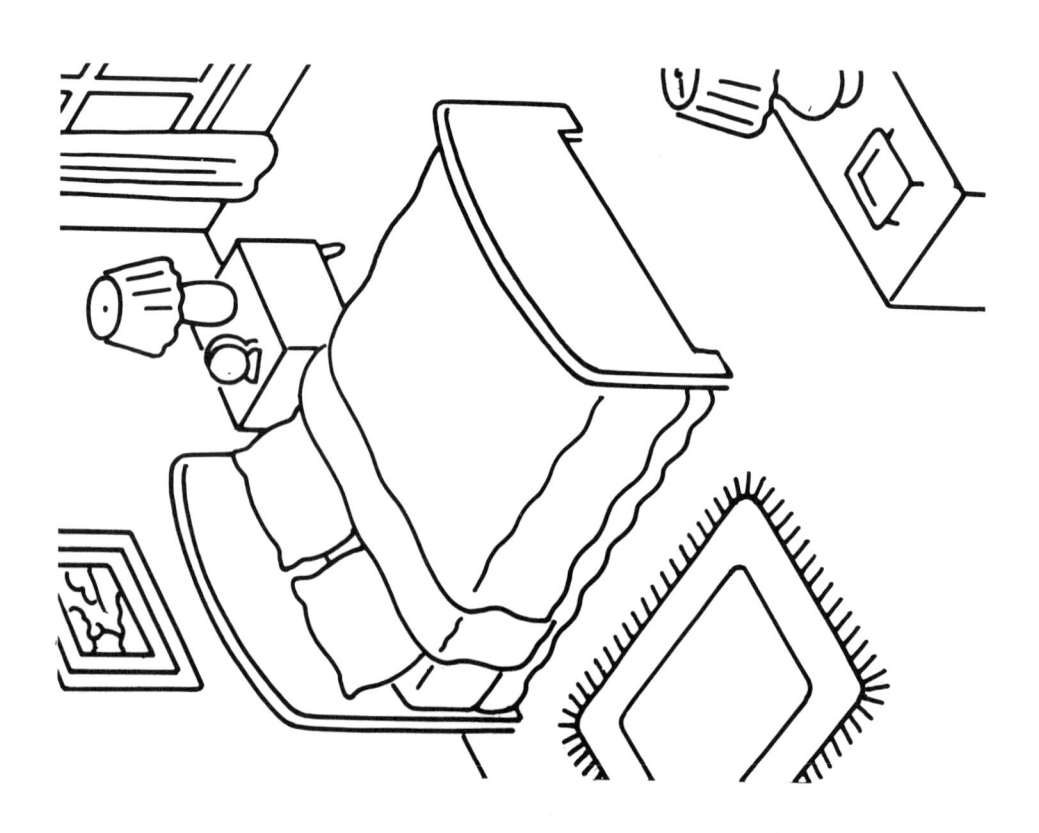

¡Viva el español!
Master 26

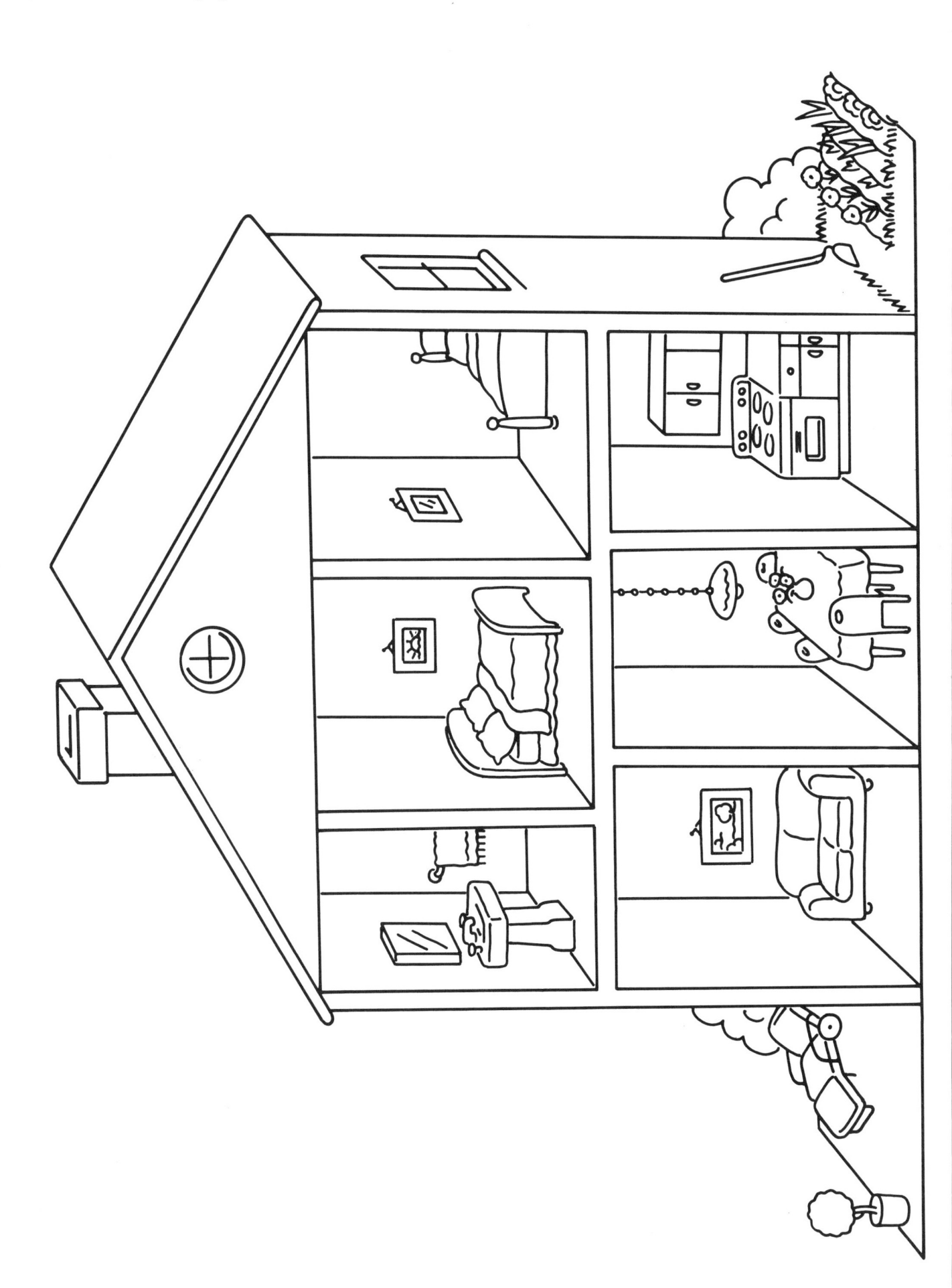

¡Viva el español!
Master **27**

© National Textbook Company

LEARNING SYSTEM B
© National Textbook Company

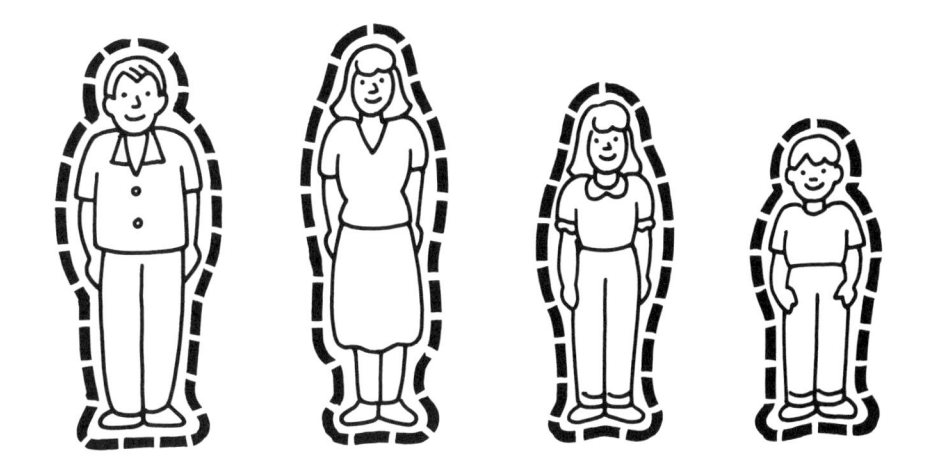

¡Viva el español!
Master **28**

LEARNING SYSTEM B

© National Textbook Company

¡Viva el español!
Master **29**

LEARNING SYSTEM B

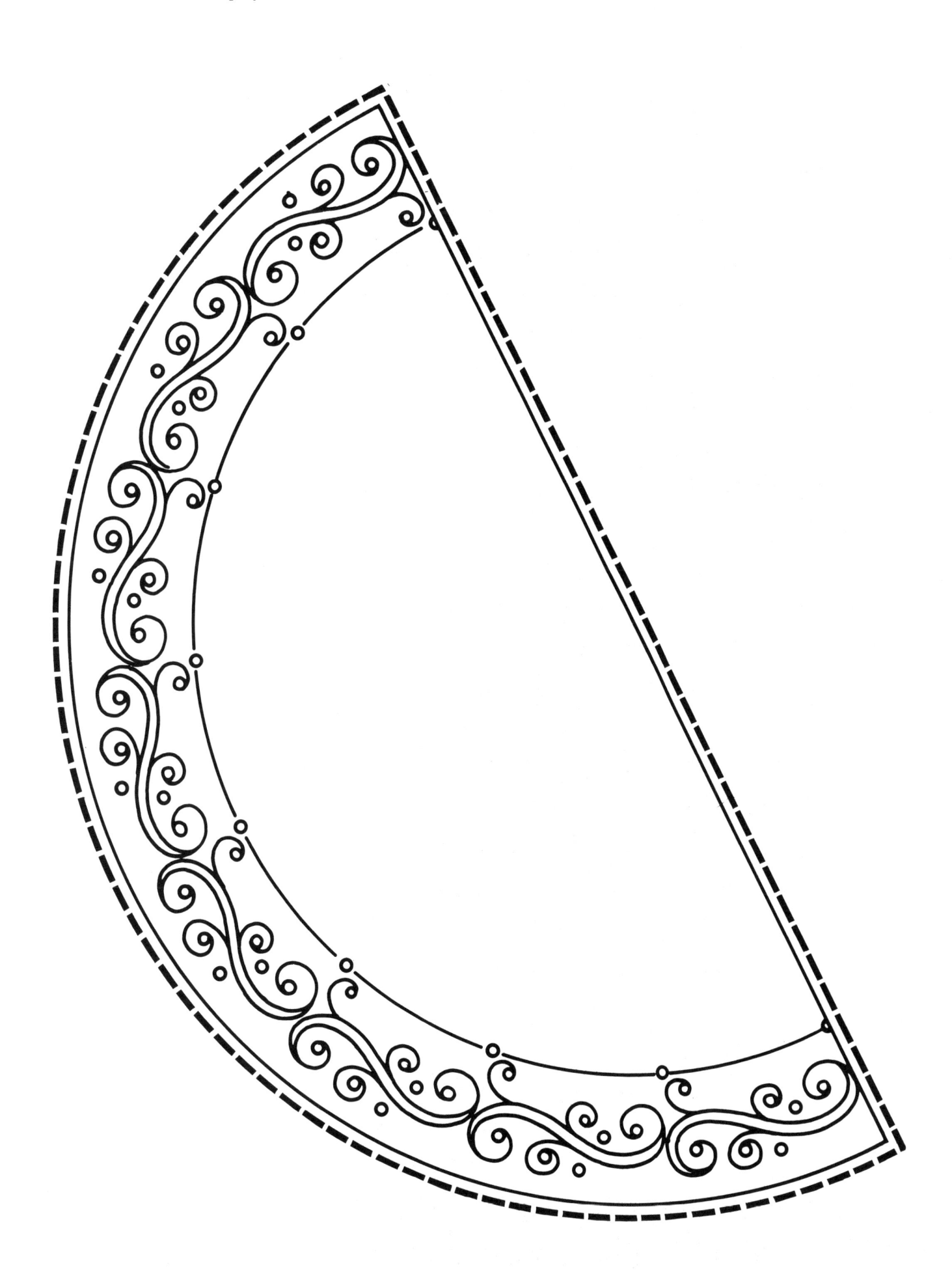

© National Textbook Company

¡Viva el español!
Master **30**

LEARNING SYSTEM B

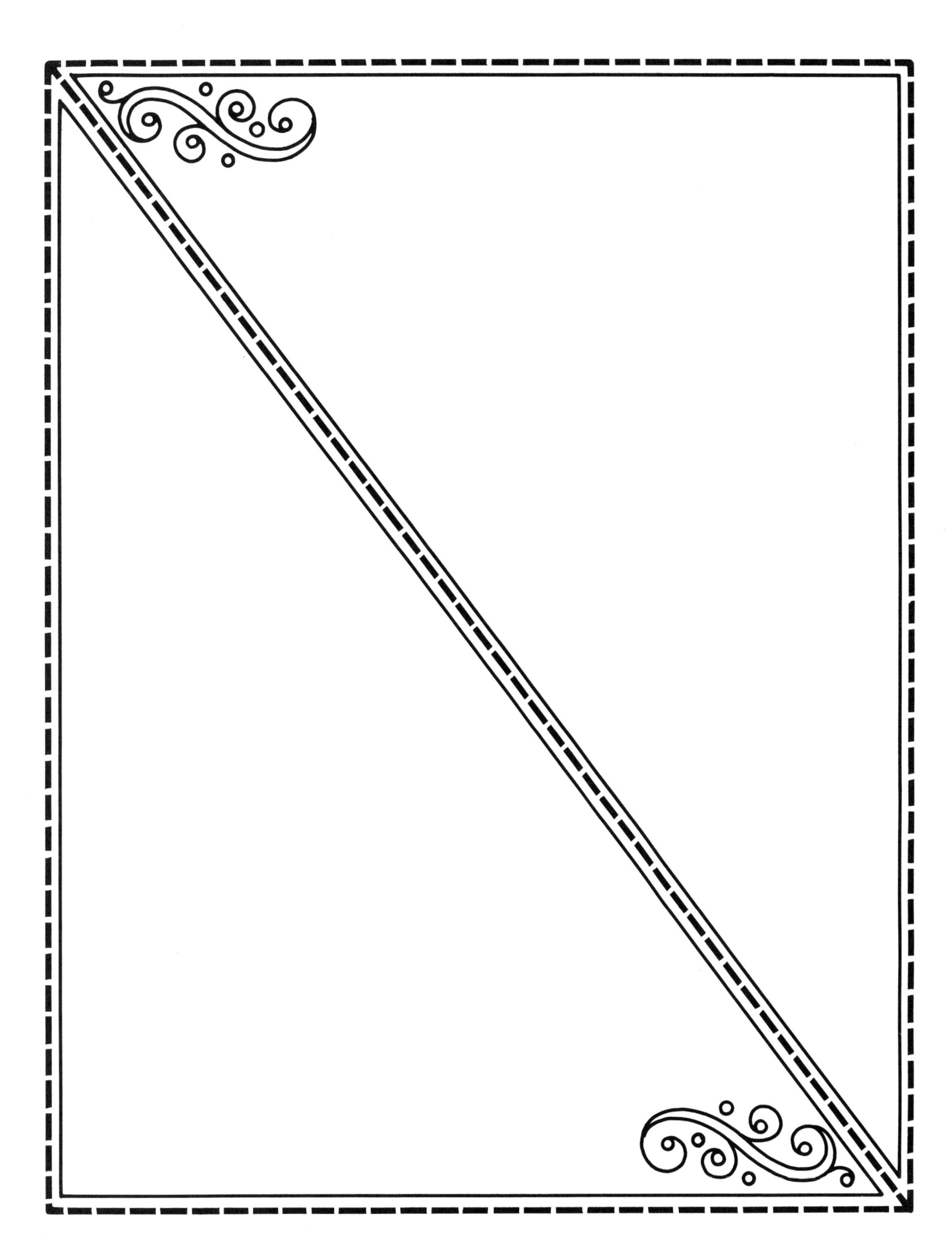

© National Textbook Company

¡Viva el español!
Master **31**

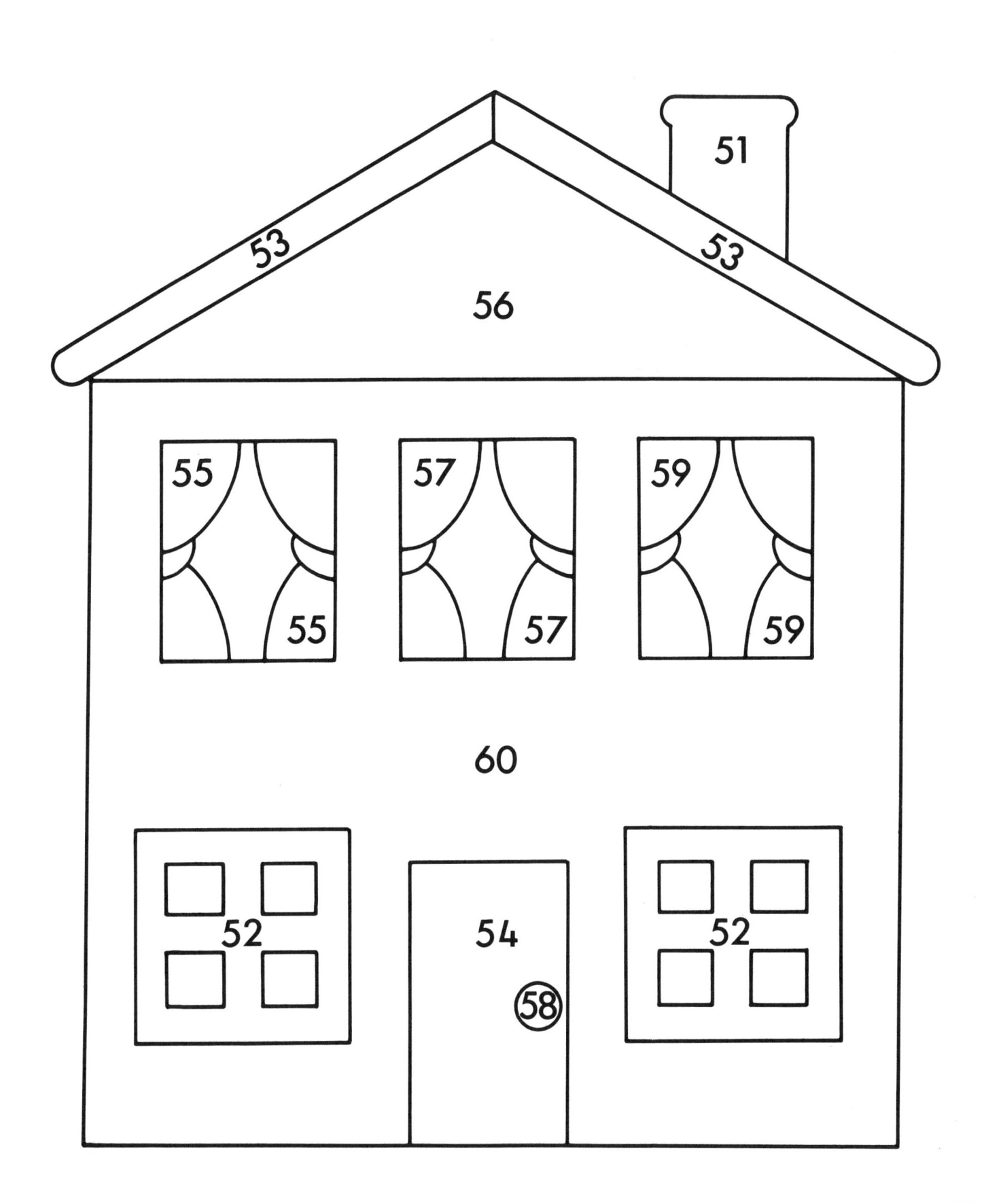

¡Viva el español!
Master **32**

© National Textbook Company

LEARNING SYSTEM B
© National Textbook Company

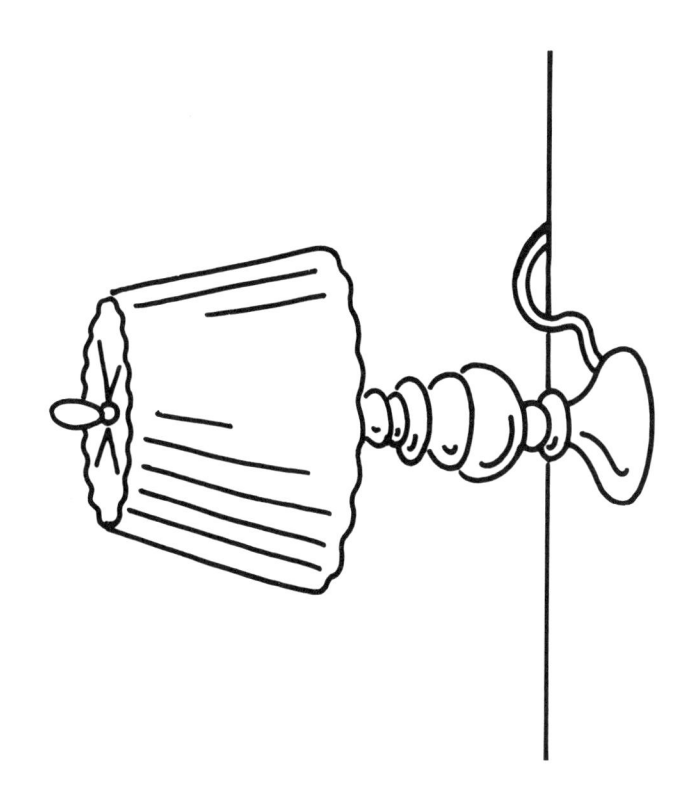

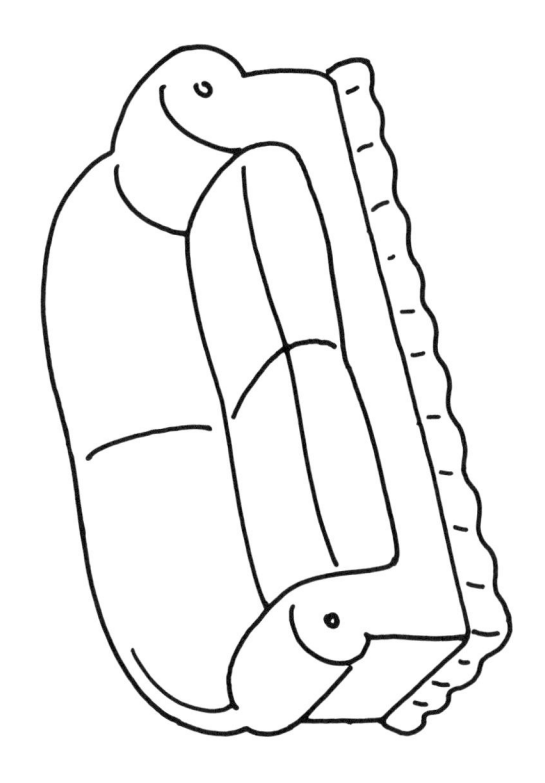

¡Viva el español!
Master **33**

LEARNING SYSTEM B

© National Textbook Company

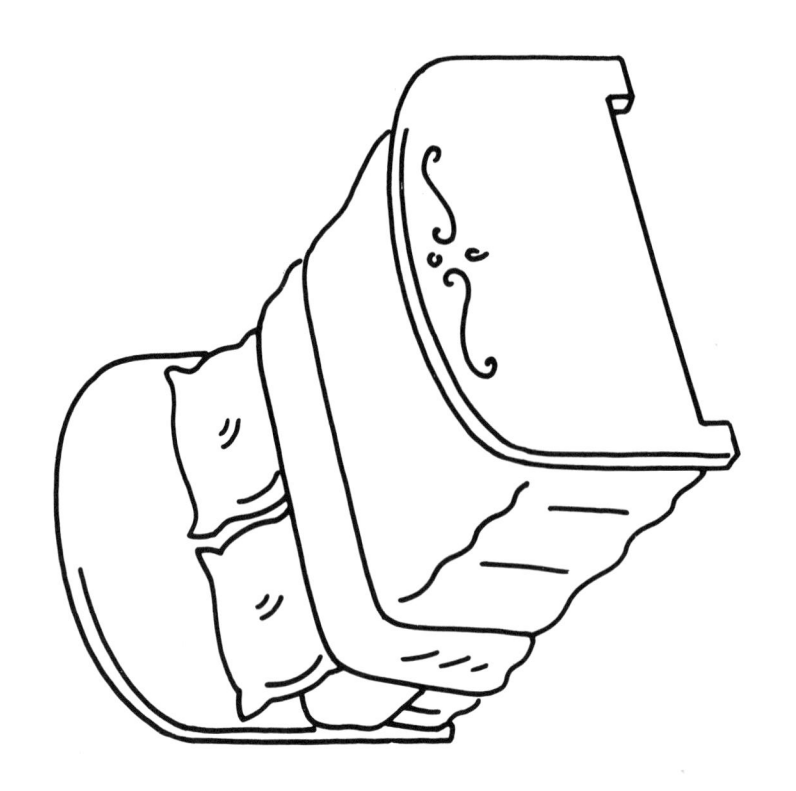

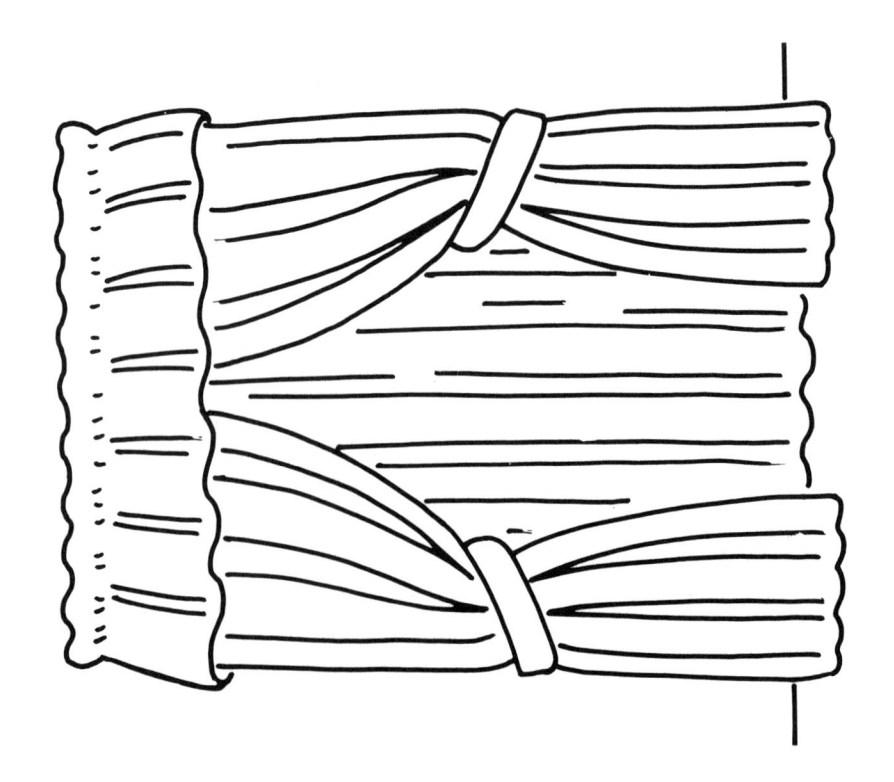

¡Viva el español!
Master **33**

LEARNING SYSTEM B

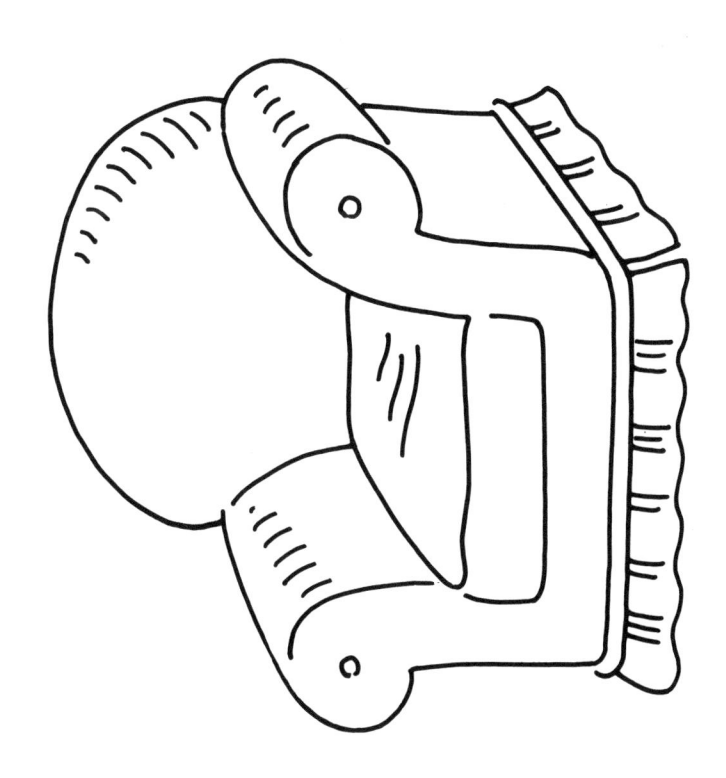

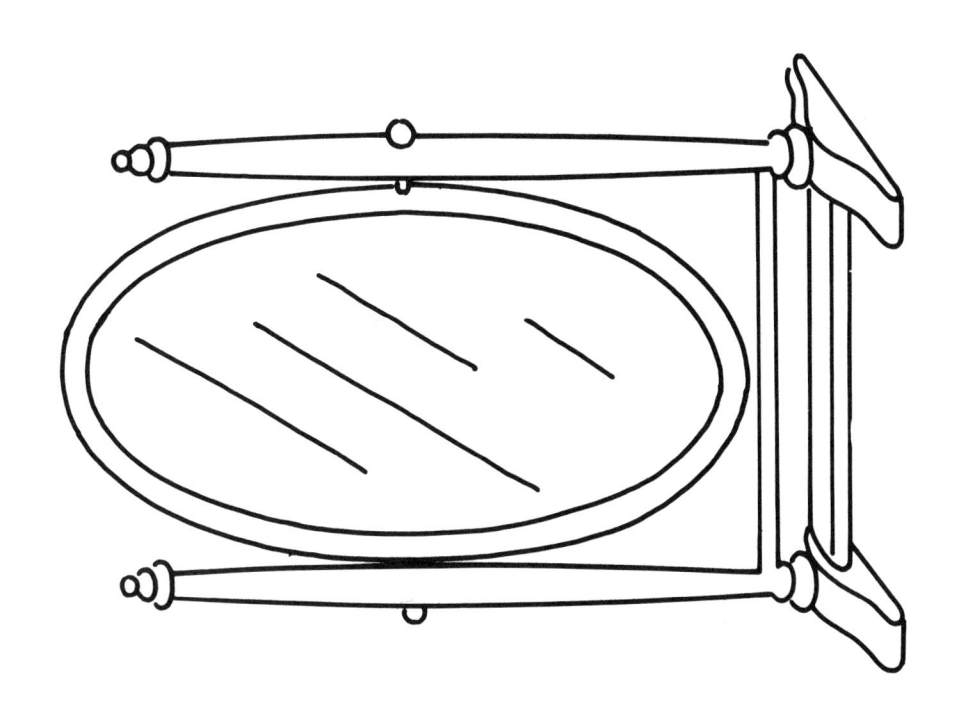

¡Viva el español!
Master **34**

© National Textbook Company

LEARNING SYSTEM B

© National Textbook Company

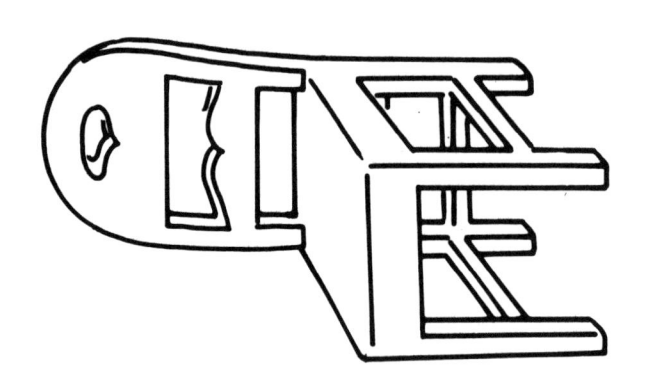

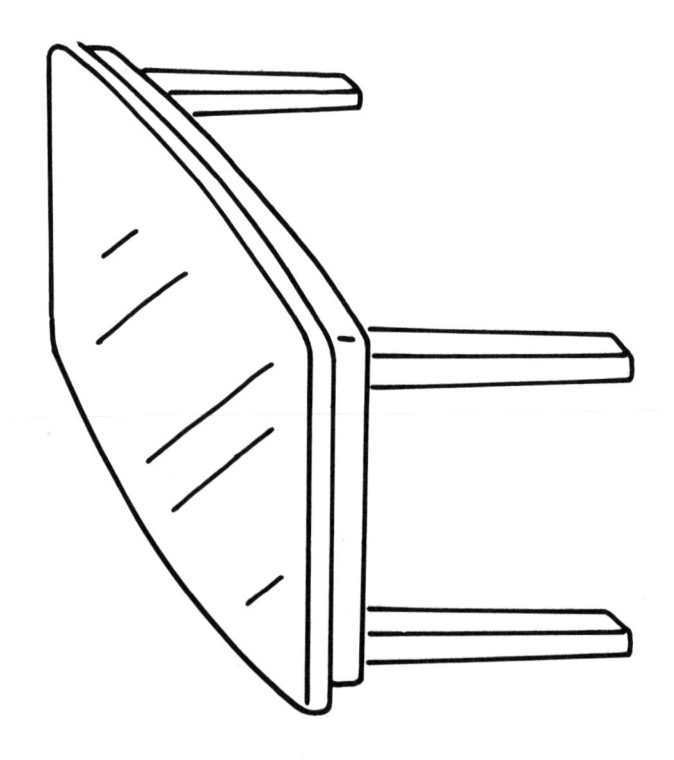

¡Viva el español!
Master **34**

LEARNING SYSTEM B

© National Textbook Company

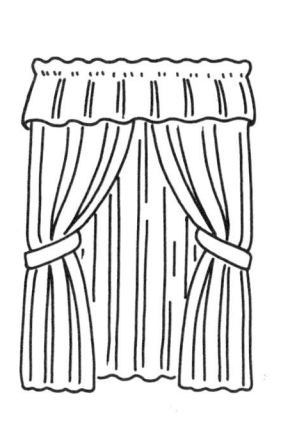

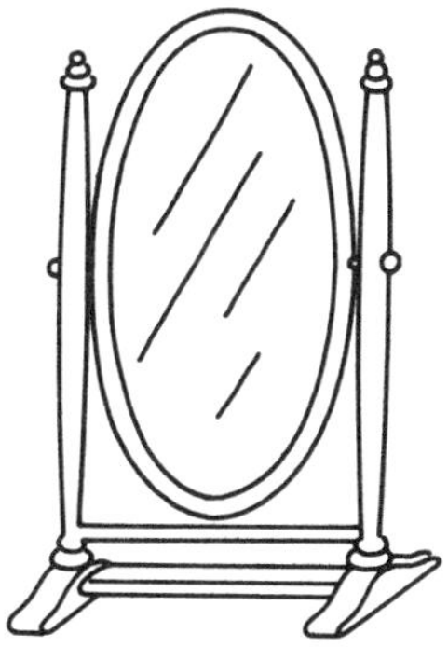

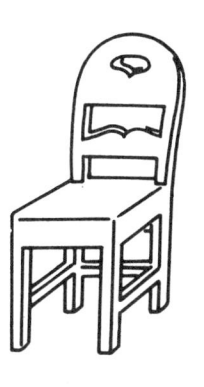

¡Viva el español!
Master **35**

LEARNING SYSTEM B

© National Textbook Company

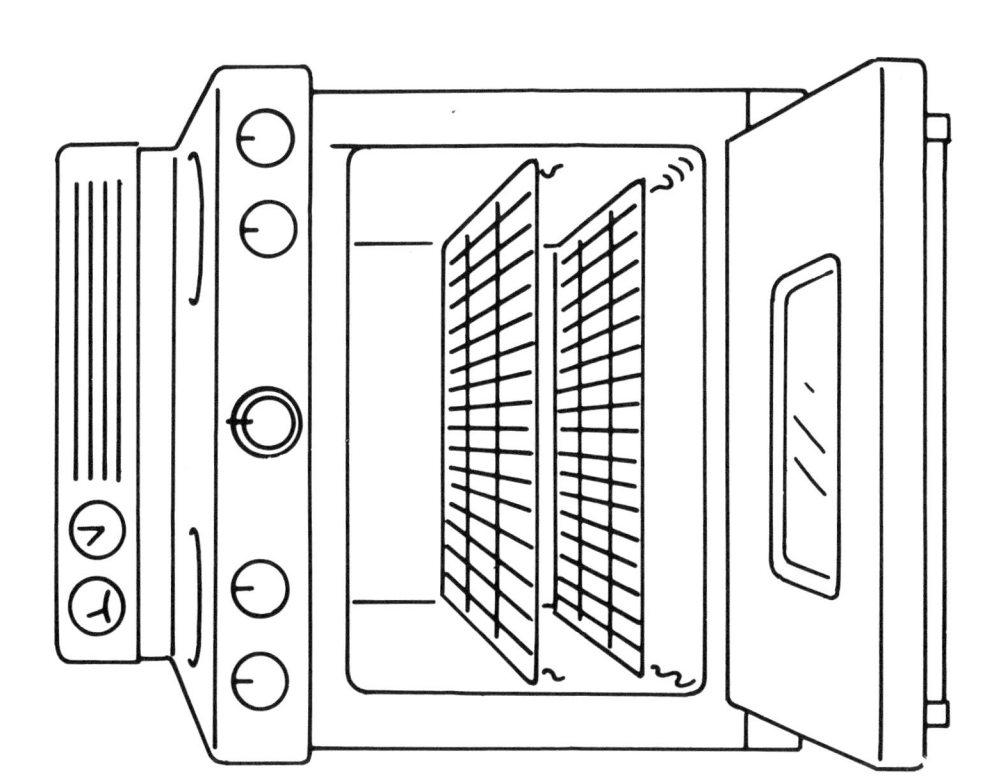

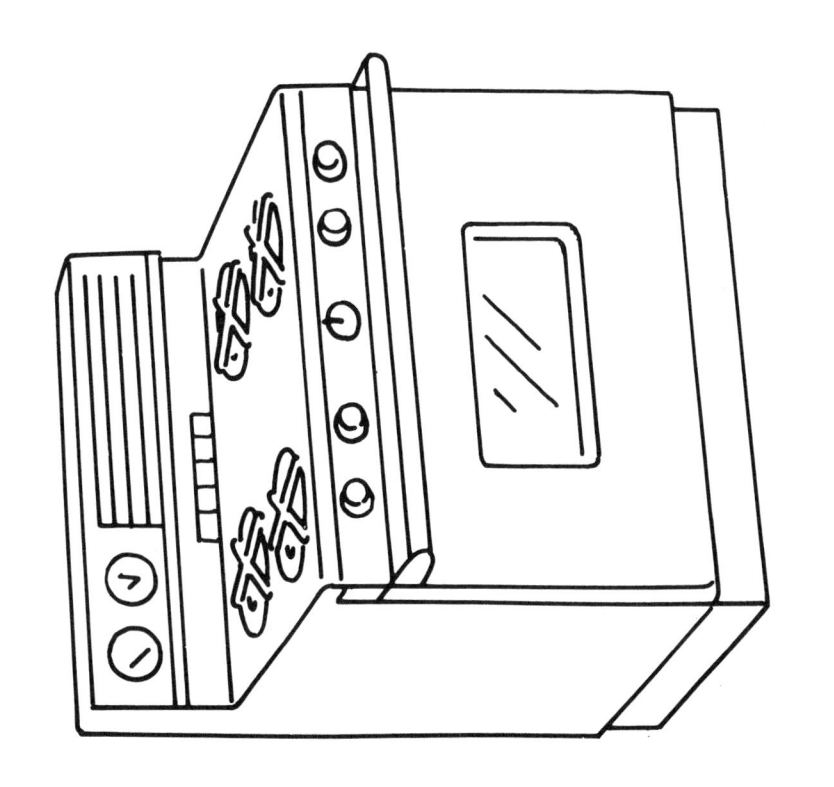

¡Viva el español!
Master **36**

LEARNING SYSTEM B

© National Textbook Company

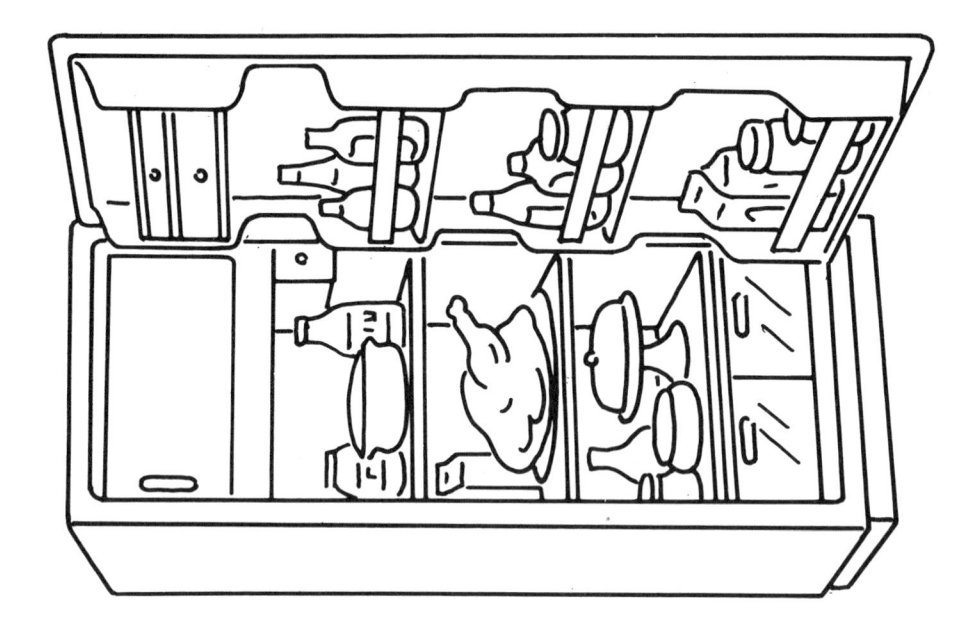

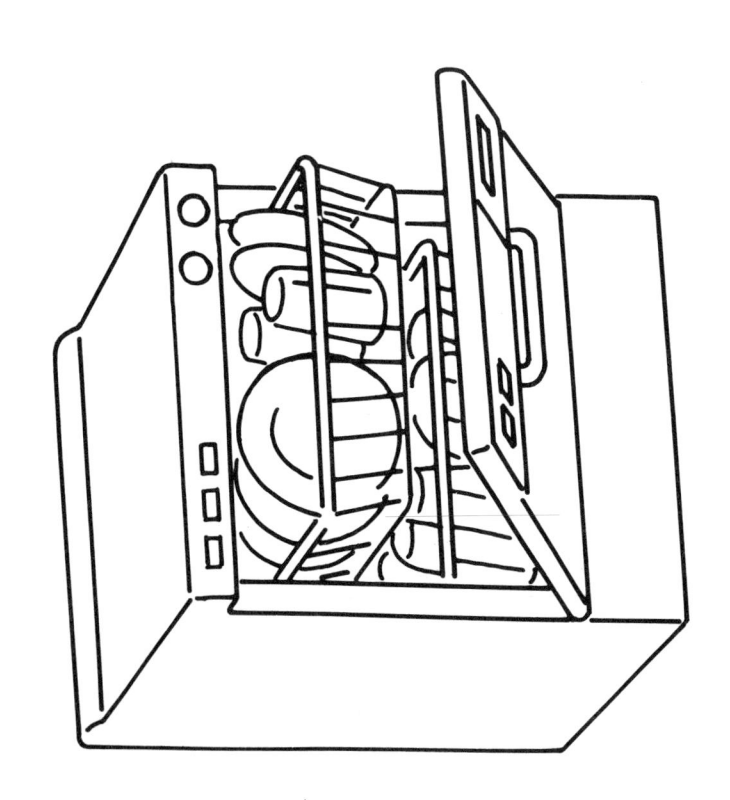

¡Viva el español!
Master **36**

LEARNING SYSTEM B

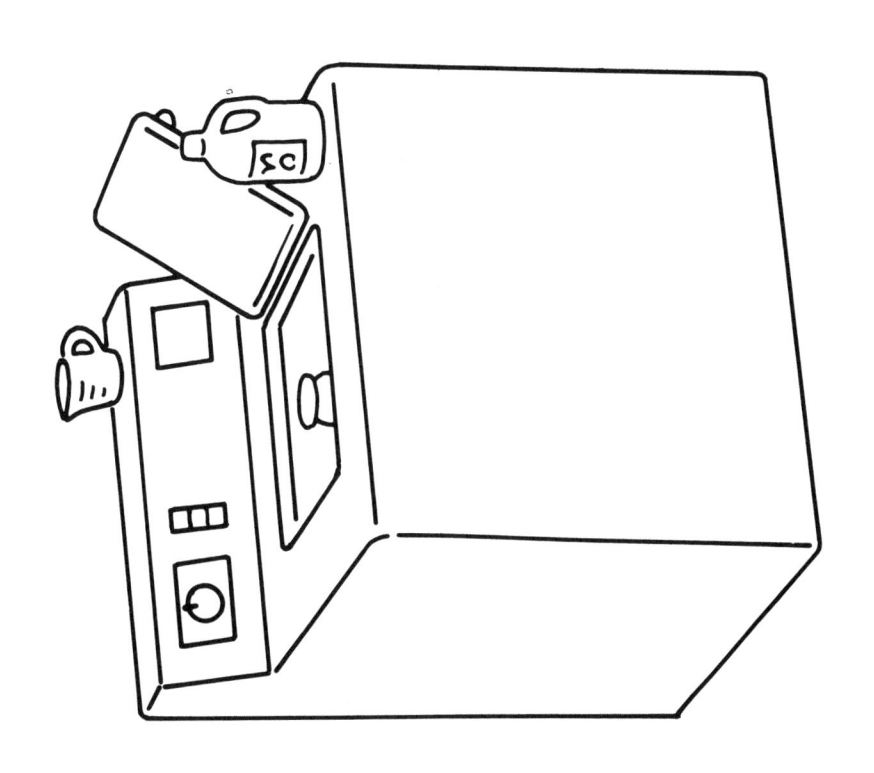

© National Textbook Company

¡Viva el español!
Master **37**

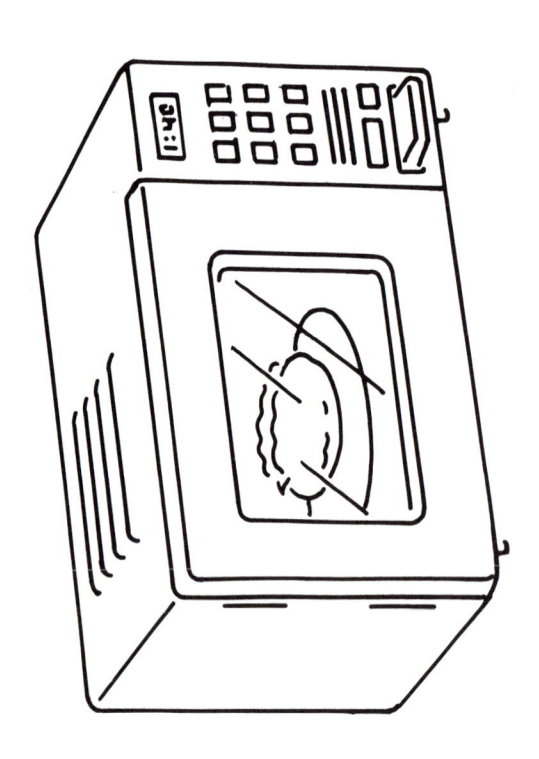

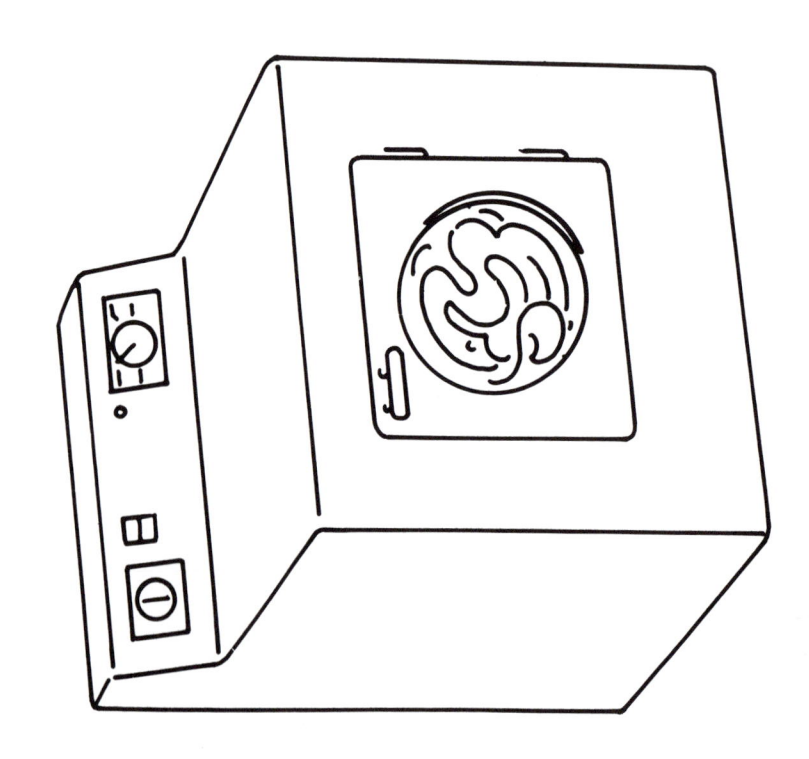

LEARNING SYSTEM B

© National Textbook Company

¡Viva el español!
Master 37

LEARNING SYSTEM B

© National Textbook Company

¡Viva el español!
Master **38**

LEARNING SYSTEM B

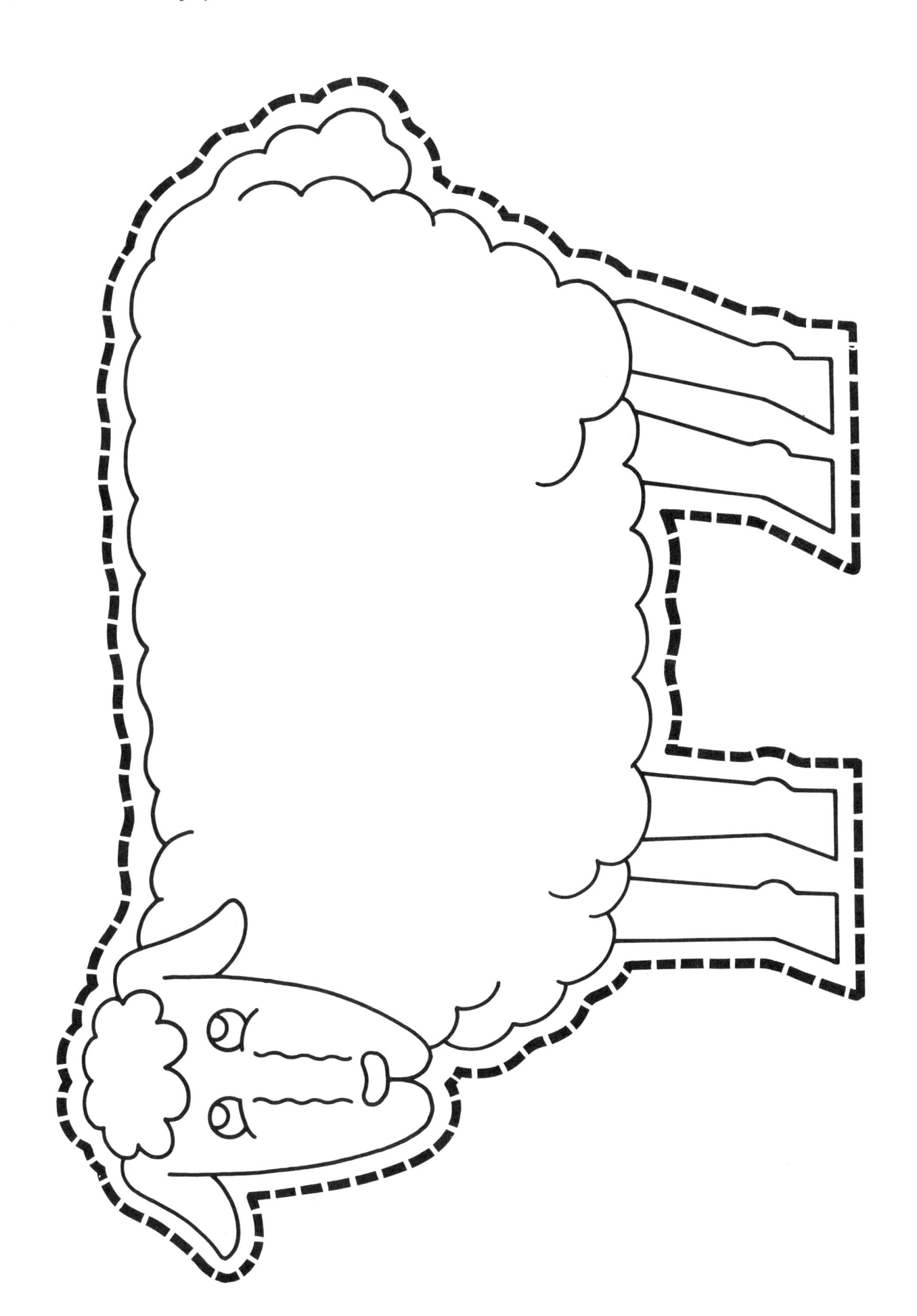

© National Textbook Company

¡Viva el español!
Master **39**

LEARNING SYSTEM B

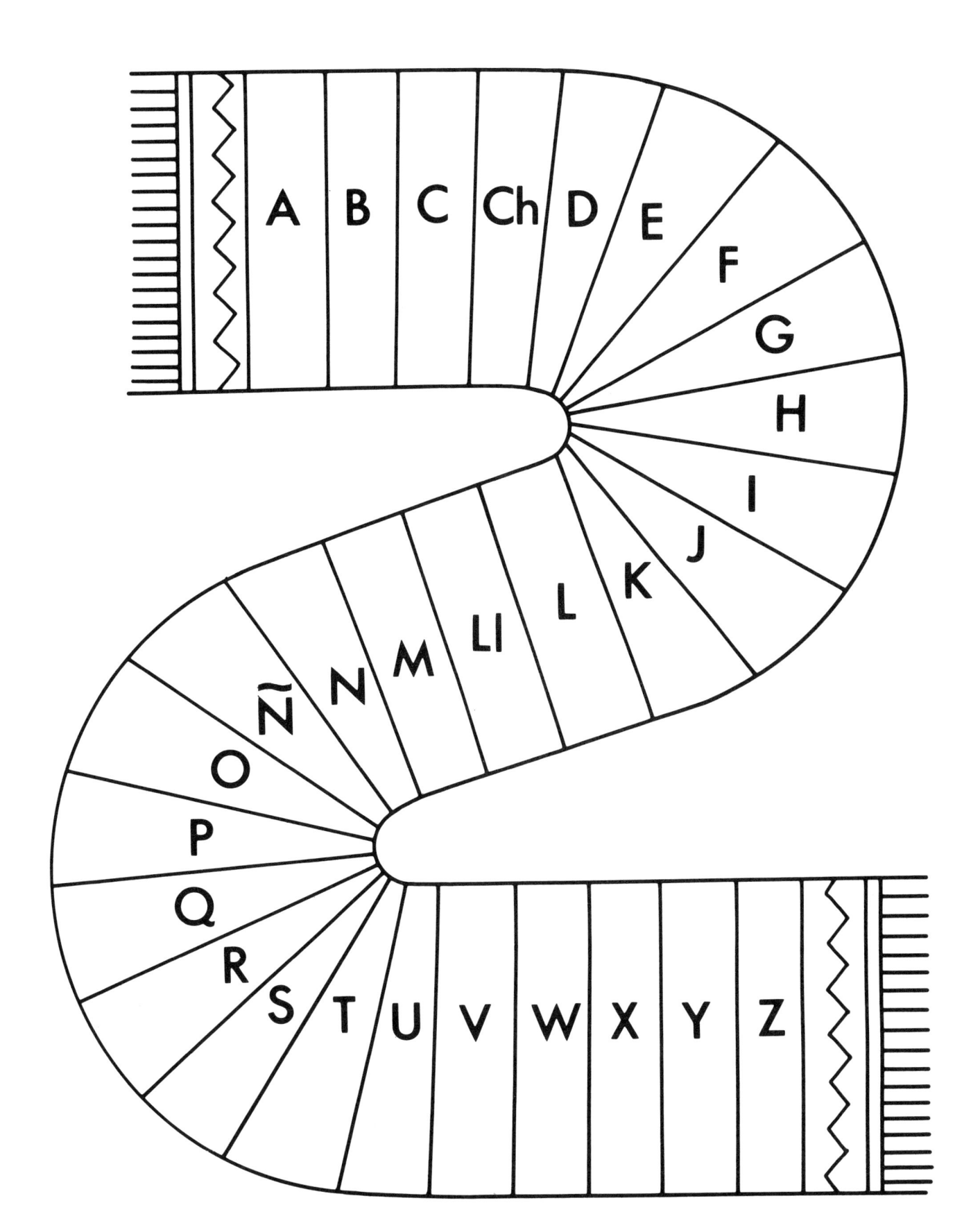

© National Textbook Company

¡Viva el español!
Master **40**

A B C Ch D E F G H I J K L Ll M N Ñ O P Q R S T U V W X Y Z

LEARNING SYSTEM B

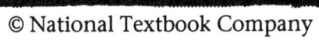

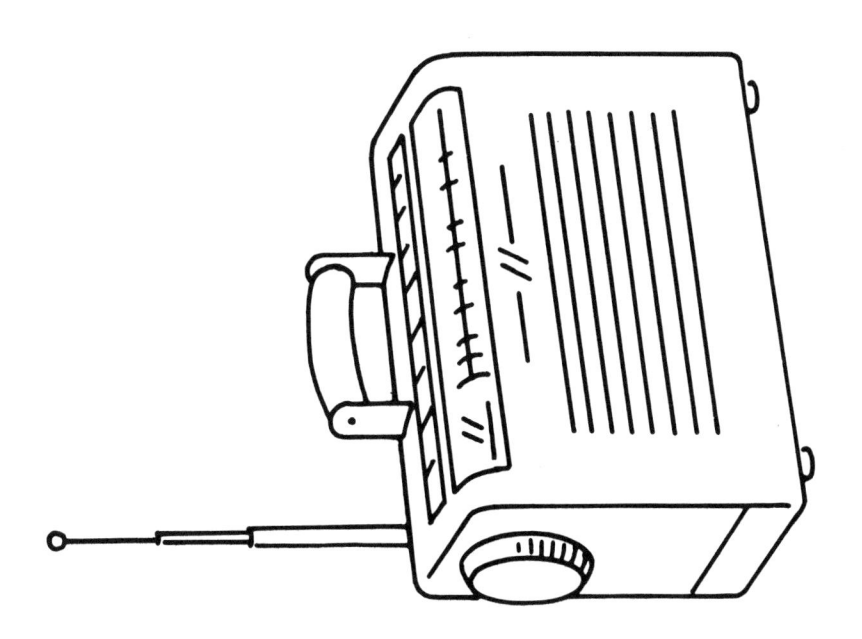

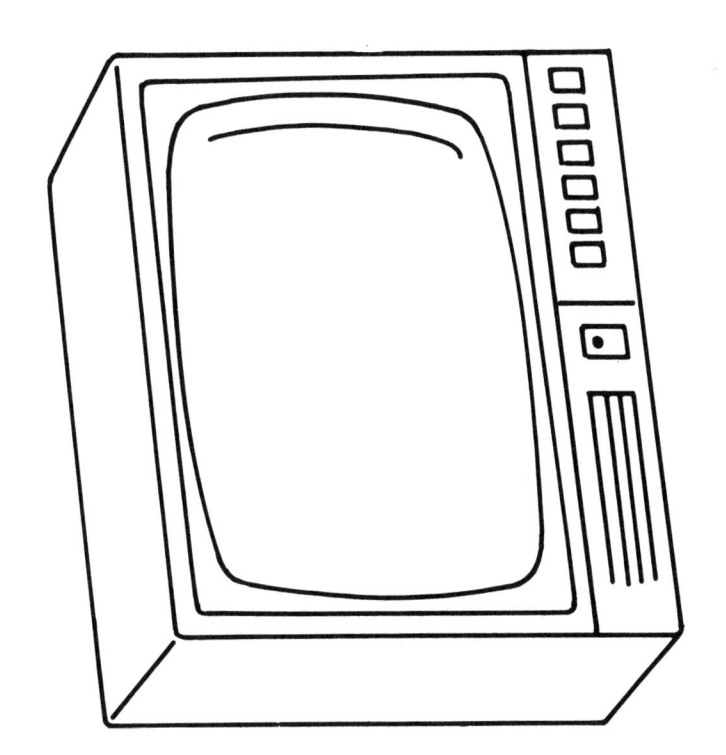

© National Textbook Company

¡Viva el español!
Master **41**

LEARNING SYSTEM B

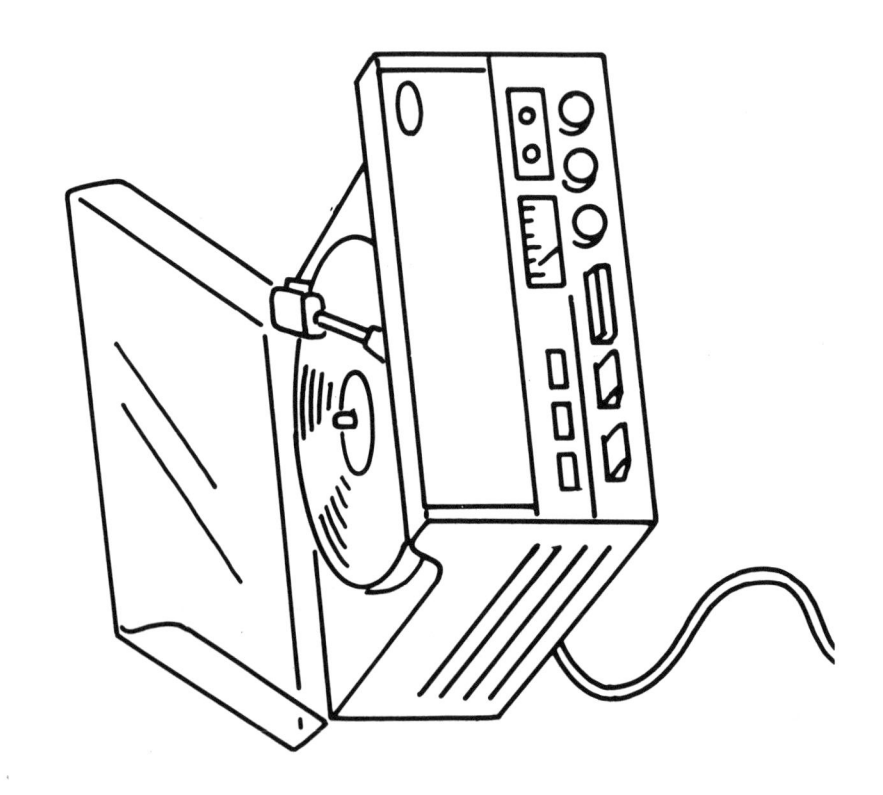

© National Textbook Company

¡Viva el español!
Master **41**

LEARNING SYSTEM B
© National Textbook Company

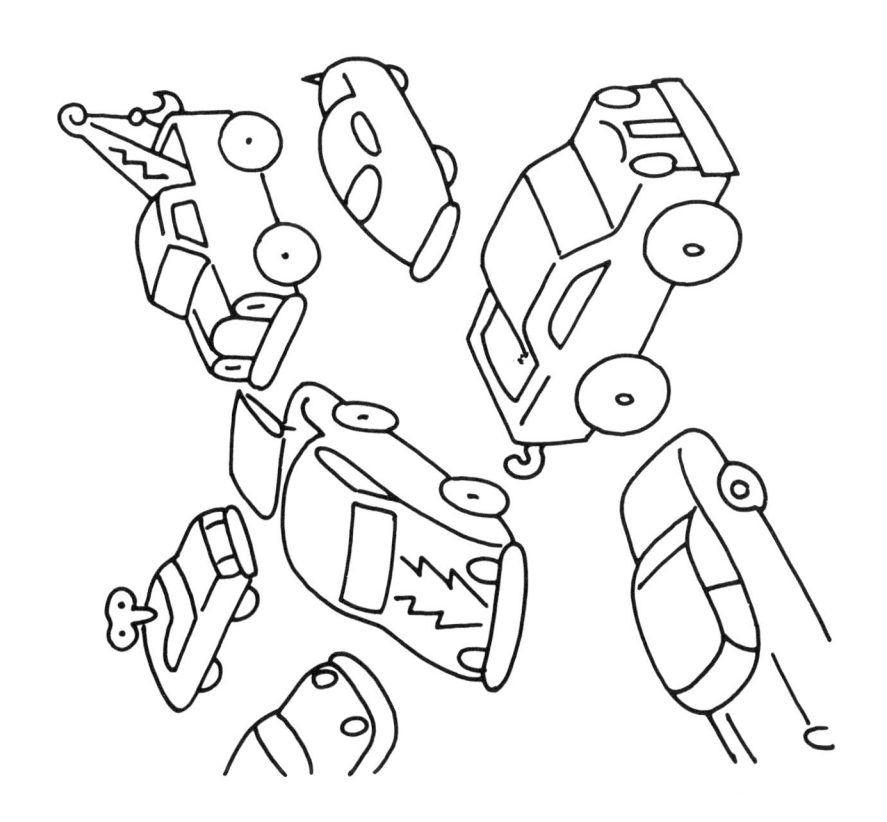

¡Viva el español!
Master **42**

LEARNING SYSTEM B

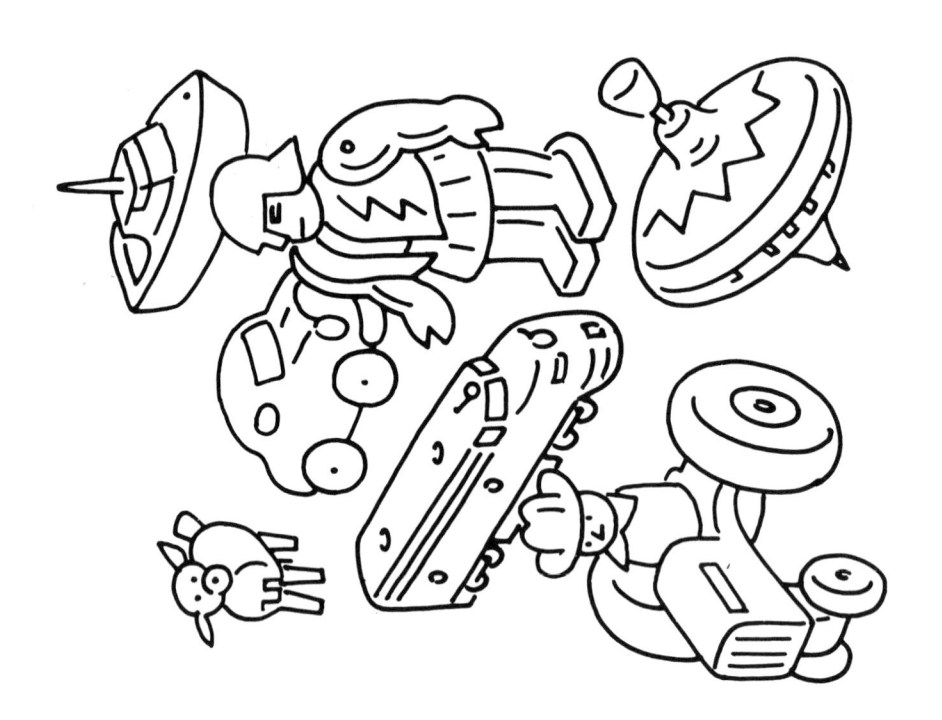

© National Textbook Company

¡Viva el español!
Master **42**

LEARNING SYSTEM B

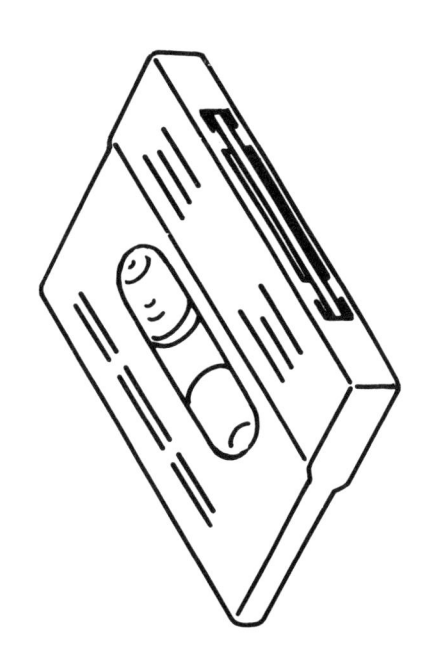

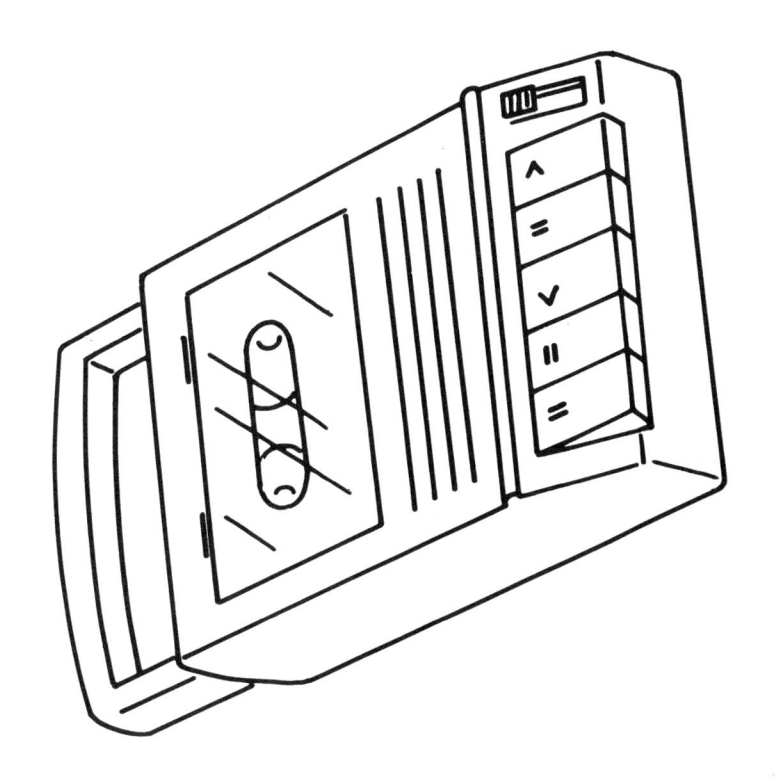

© National Textbook Company

¡Viva el español!
Master **43**

LEARNING SYSTEM B

© National Textbook Company

¡Viva el español!
Master **43**

LEARNING SYSTEM B

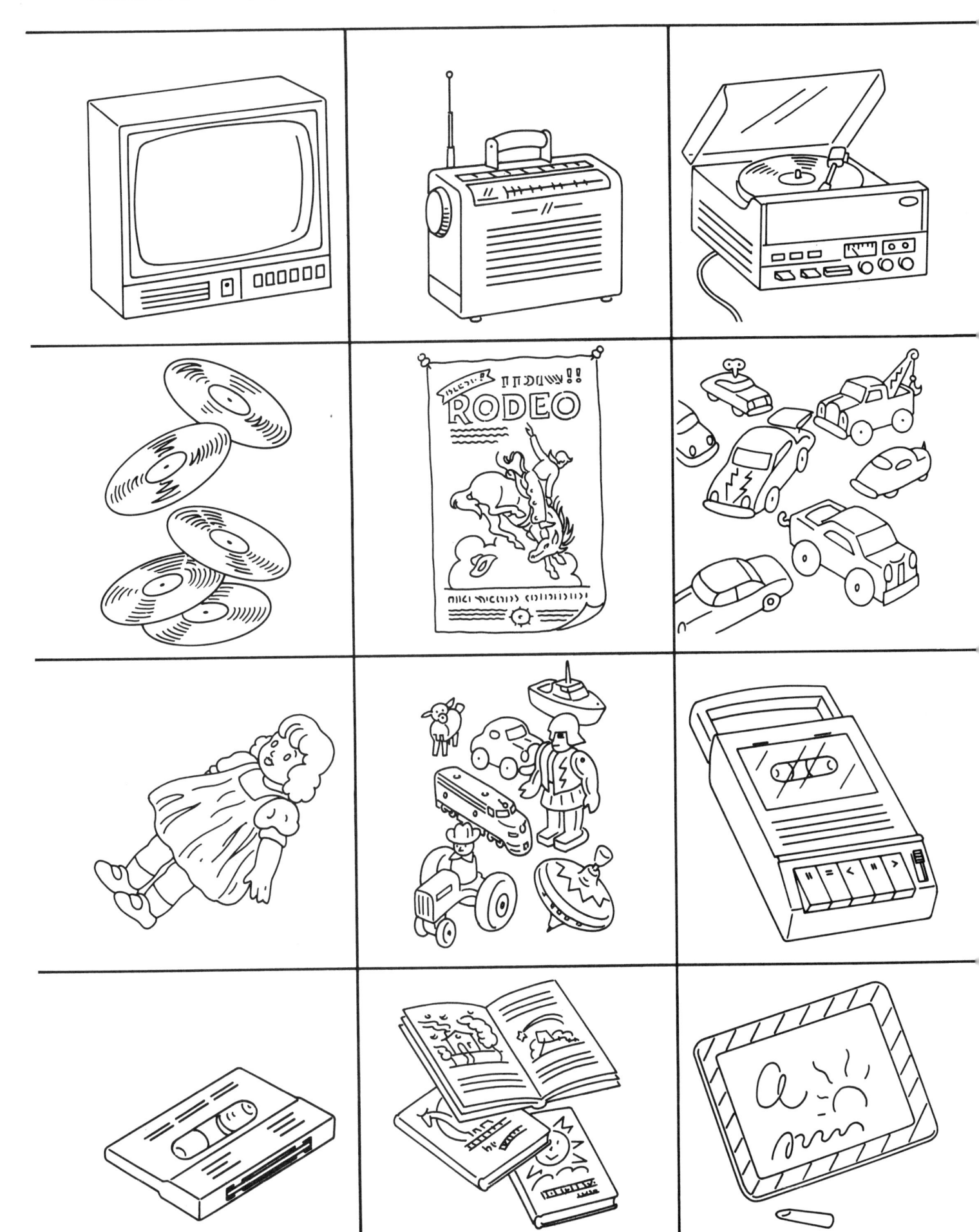

© National Textbook Company

¡Viva el español!
Master **44**

LEARNING SYSTEM B

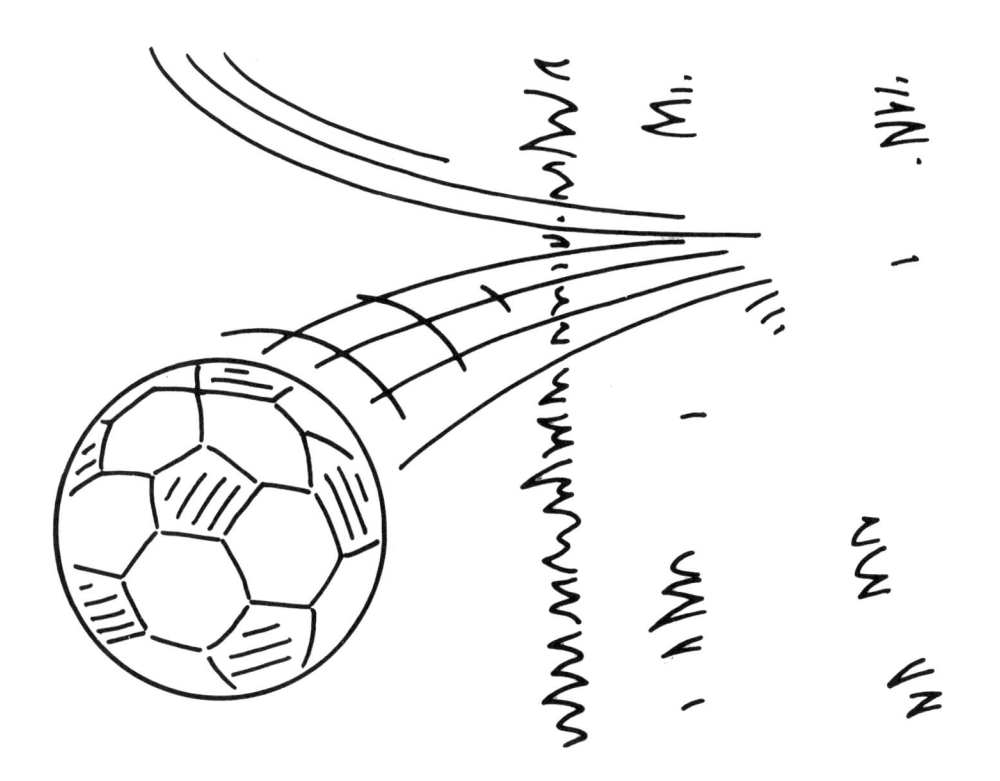

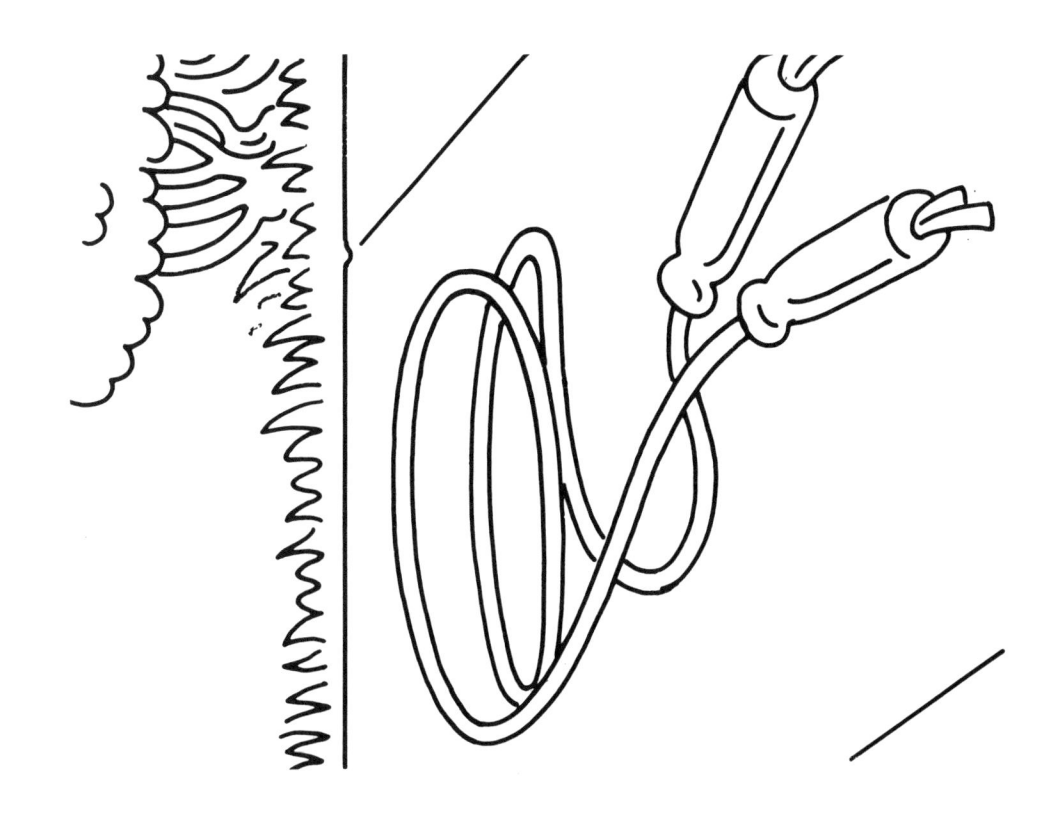

© National Textbook Company

¡Viva el español!
Master **45**

LEARNING SYSTEM B
© National Textbook Company

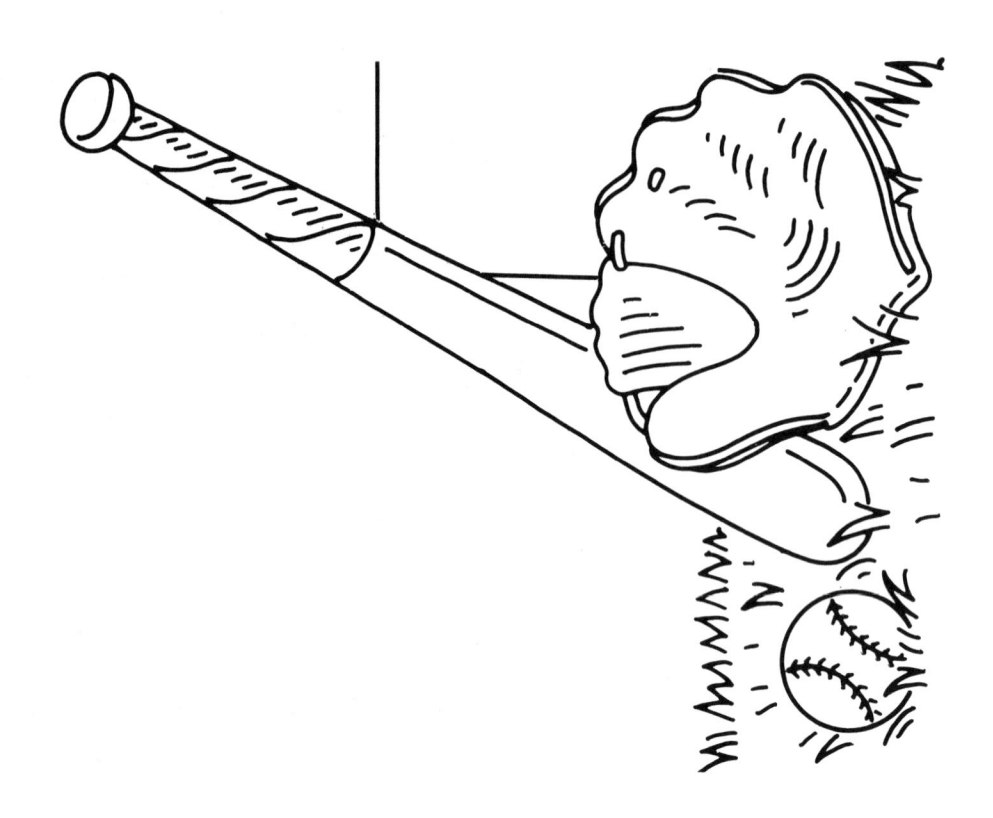

¡Viva el español!
Master **45**

LEARNING SYSTEM B

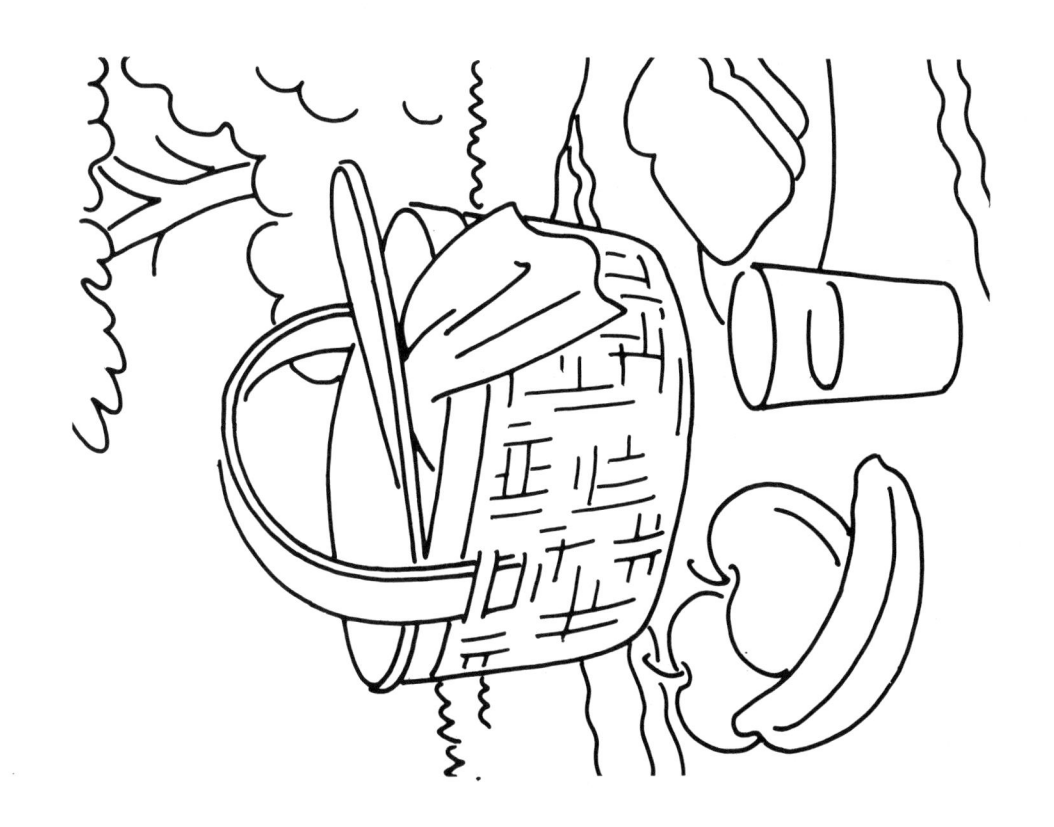

© National Textbook Company

¡Viva el español!
Master **46**

LEARNING SYSTEM B

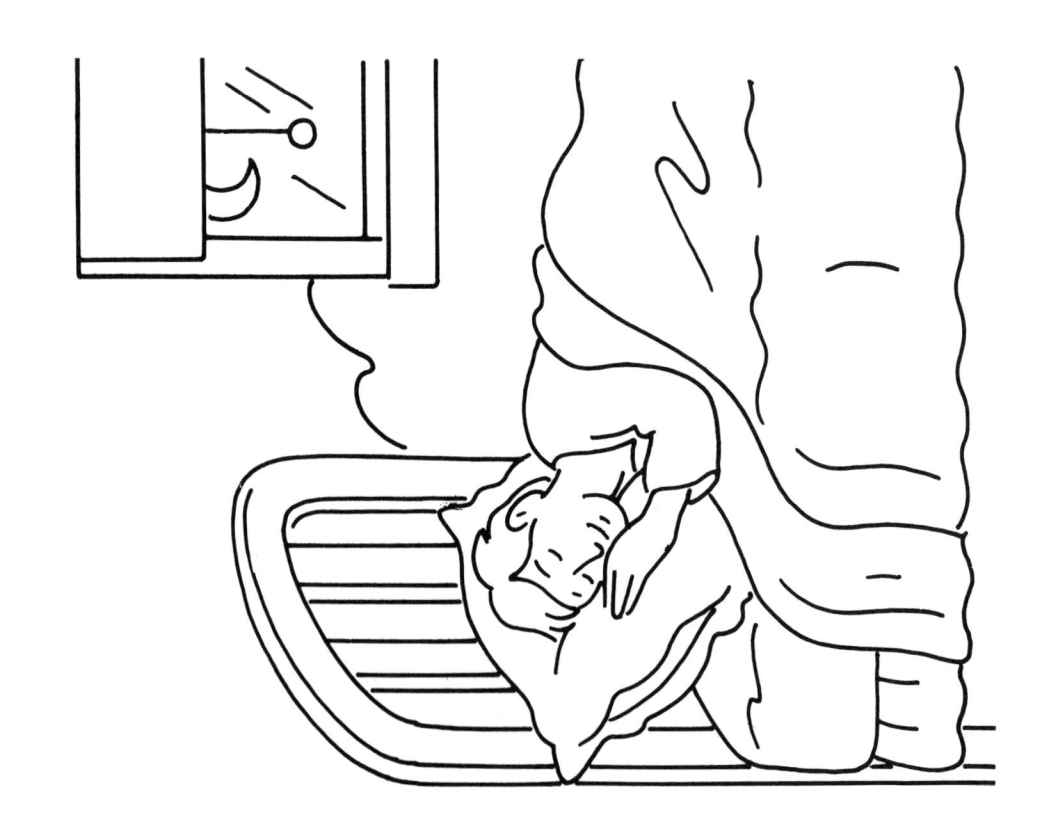

© National Textbook Company

¡Viva el español!
Master 46

LEARNING SYSTEM B

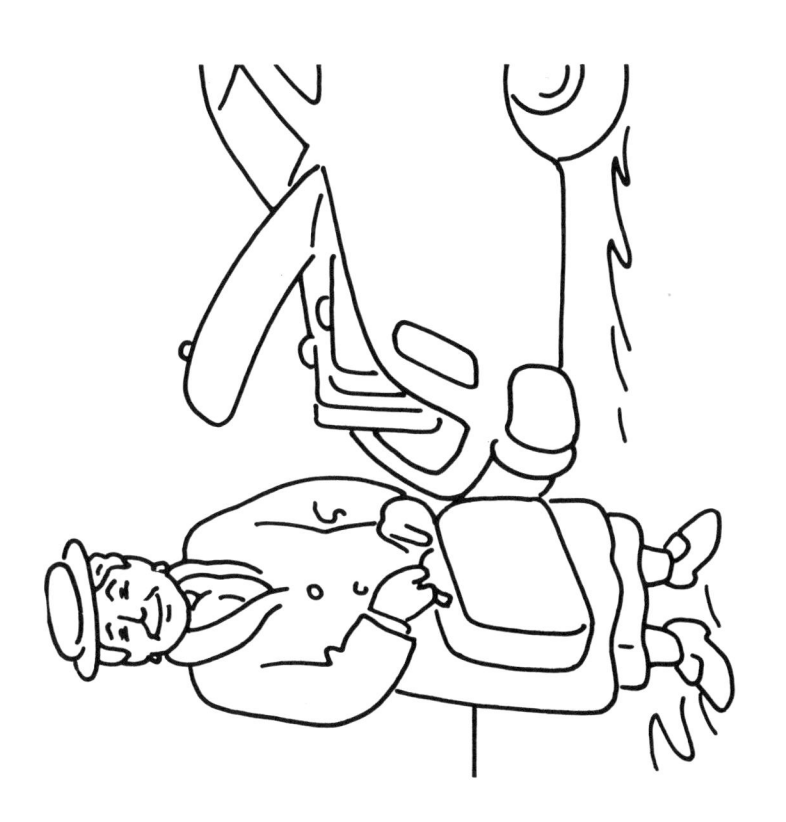

© National Textbook Company

¡Viva el español!
Master **47**

LEARNING SYSTEM B

¡Viva el español!
Master **47**

© National Textbook Company

LEARNING SYSTEM B
© National Textbook Company

¡Viva el español!
Master **48**

Learning System B

© National Textbook Company

¡Viva el español!
Master **48**

LEARNING SYSTEM B
© National Textbook Company

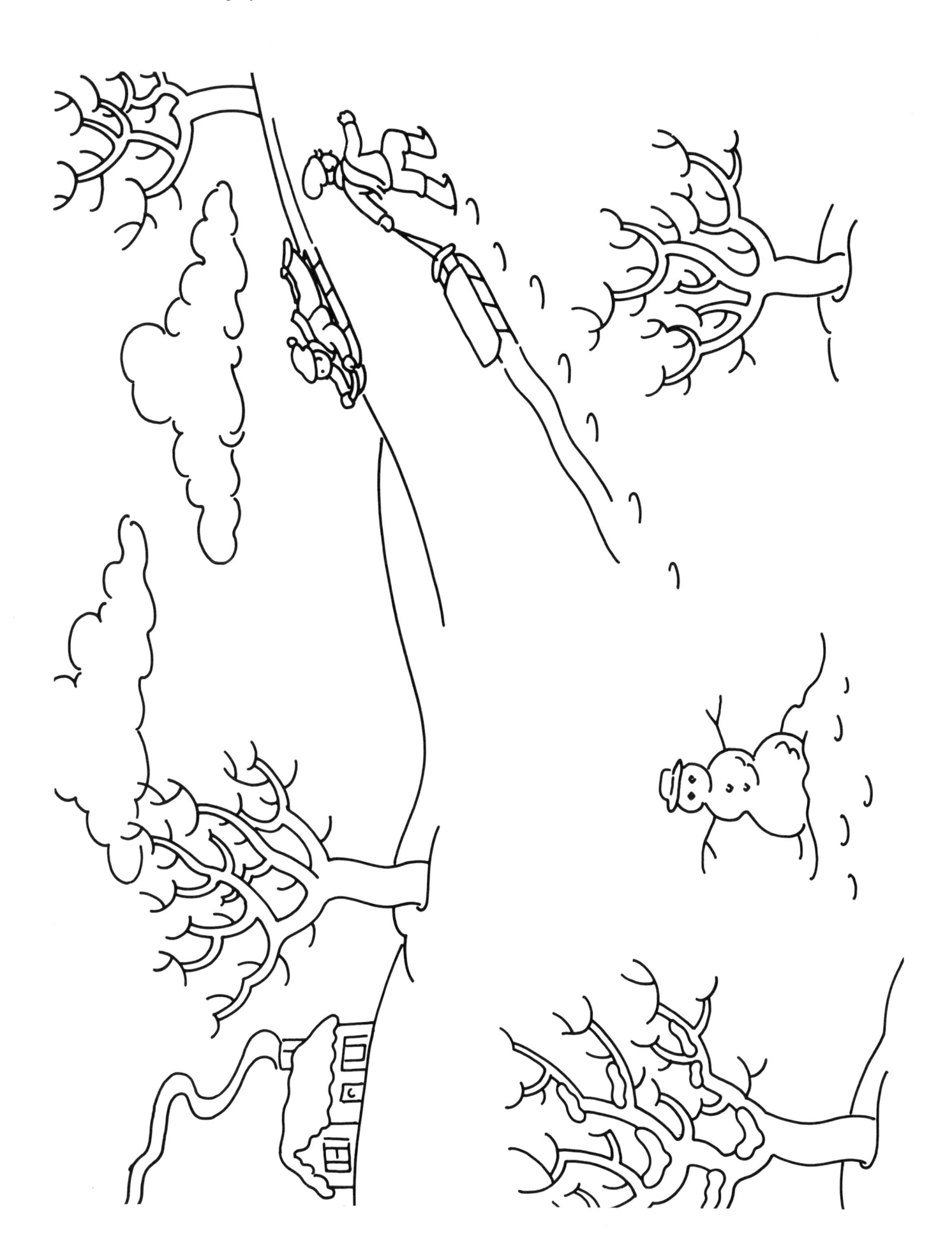

¡Viva el español!
Master **49**

LEARNING SYSTEM B
© National Textbook Company

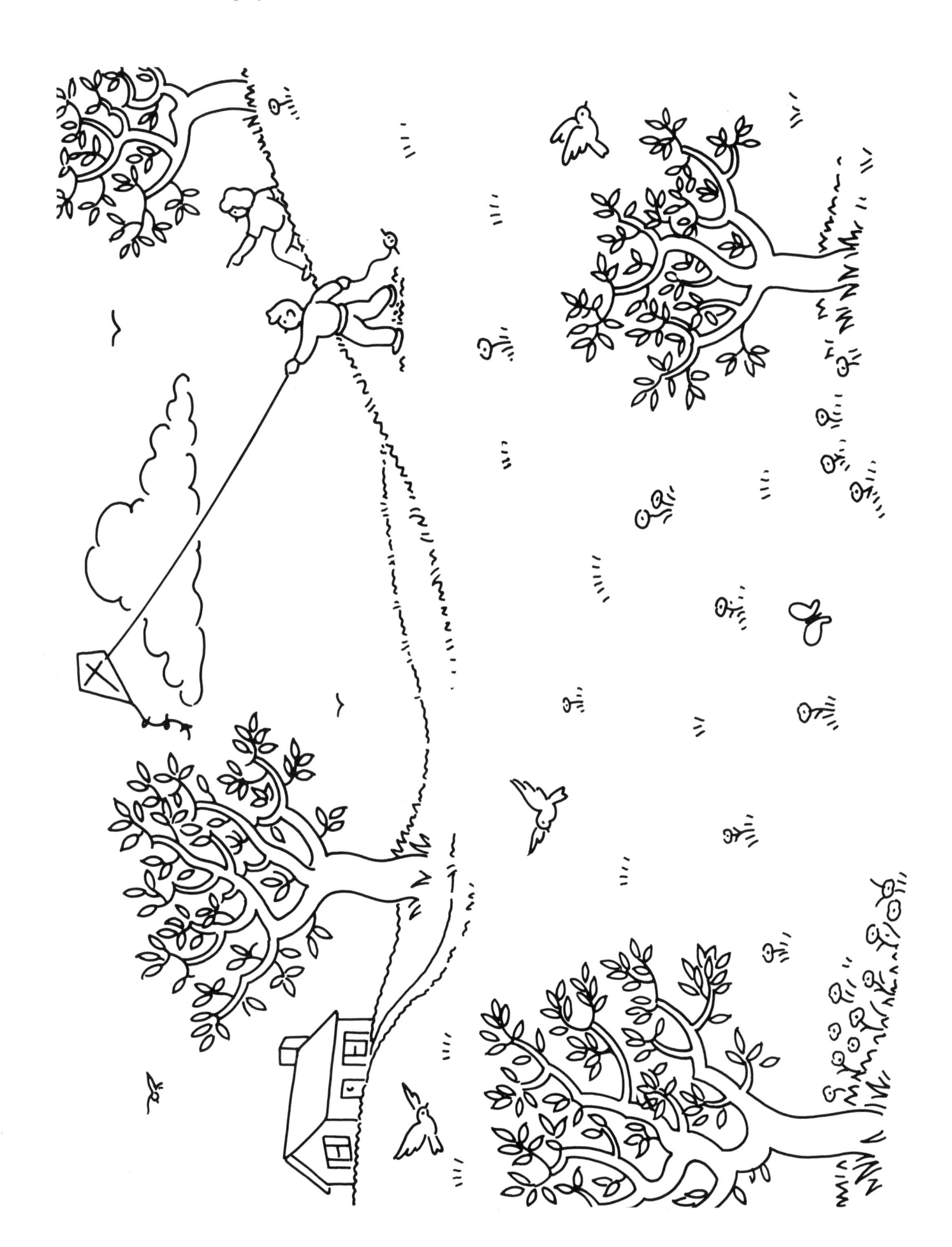

¡Viva el español!
Master **50**

LEARNING SYSTEM B

© National Textbook Company

¡Viva el español!
Master **51**

LEARNING SYSTEM B

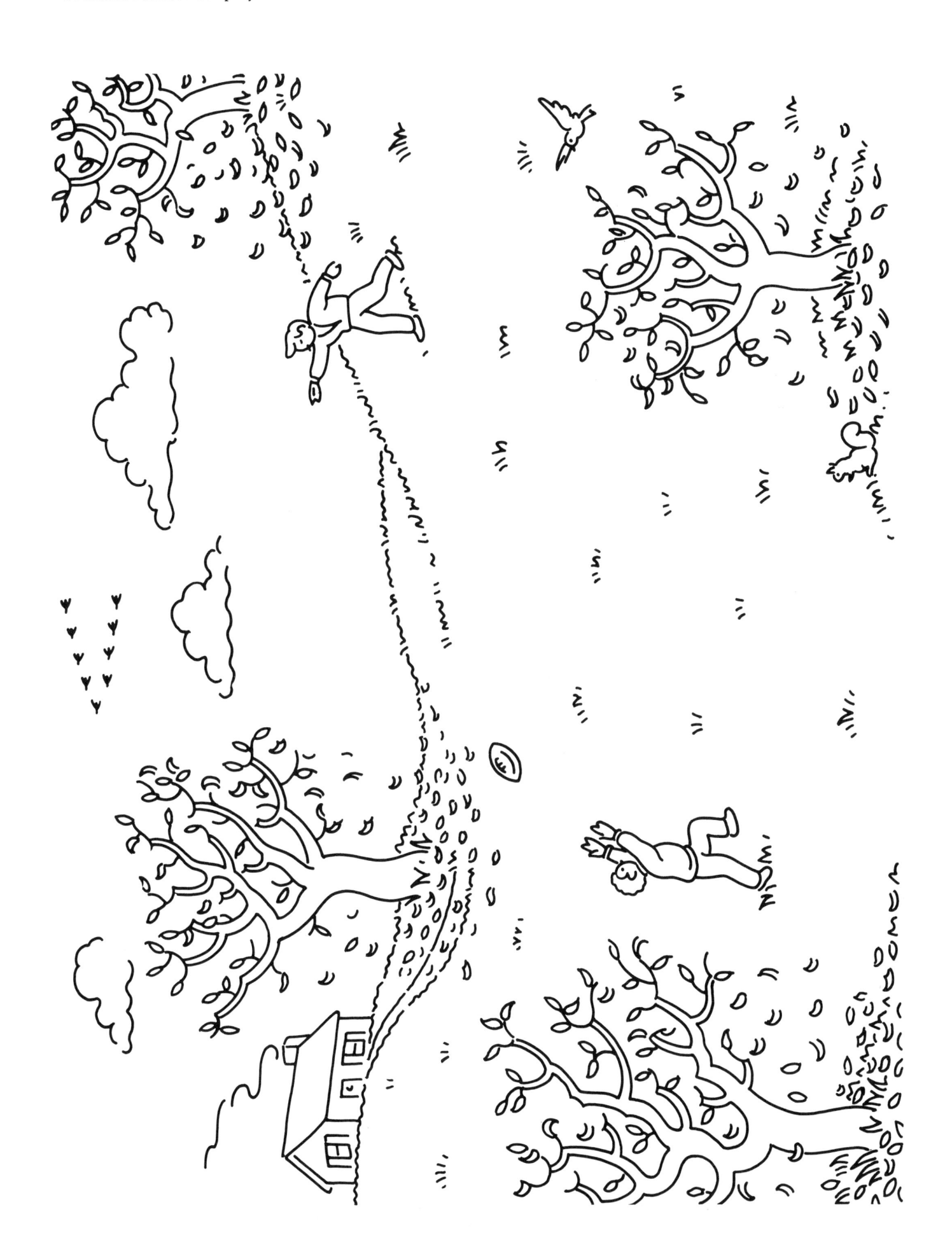

© National Textbook Company

¡Viva el español!
Master **52**

la manzana

la pera

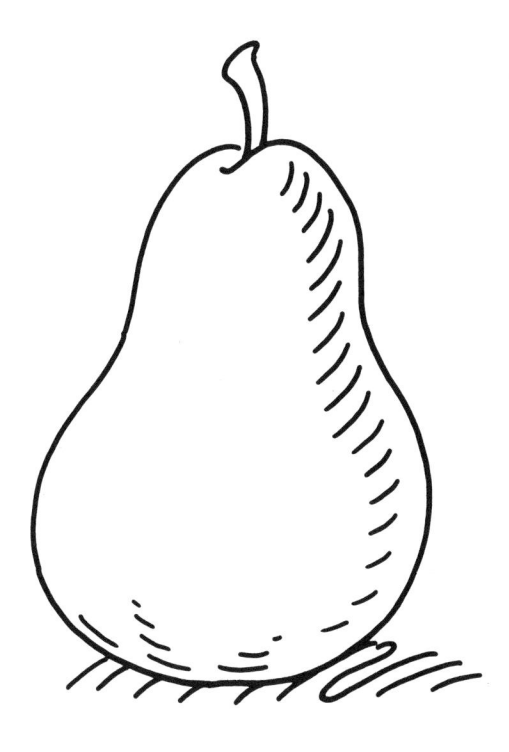

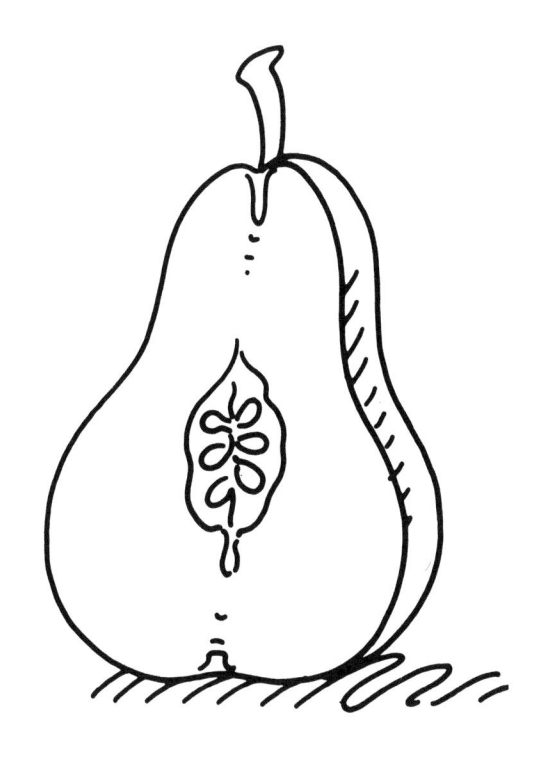

LEARNING SYSTEM B
© National Textbook Company

¡Viva el español!
Master **54**

las uvas

las fresas

LEARNING SYSTEM B

© National Textbook Company

¡Viva el español!
Master 55

las cerezas

el limón

¡Viva el español!
Master **56**

LEARNING SYSTEM B
© National Textbook Company

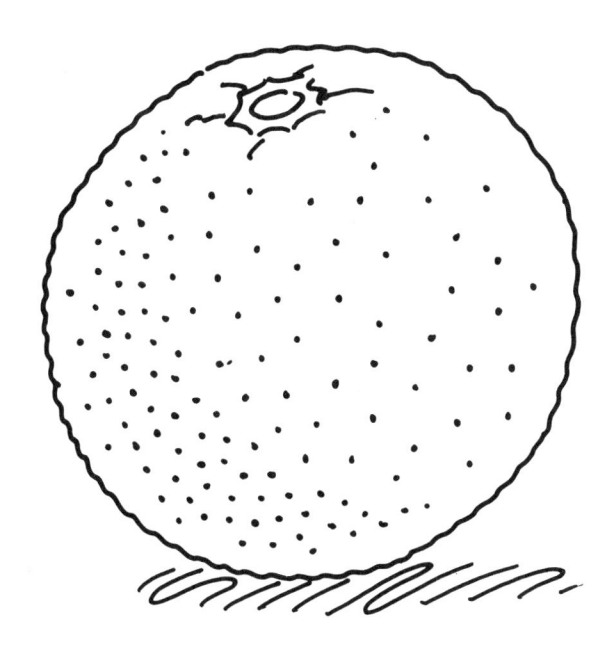

la naranja

el durazno

LEARNING SYSTEM B

© National Textbook Company

¡Viva el español!
Master **57**

el plátano

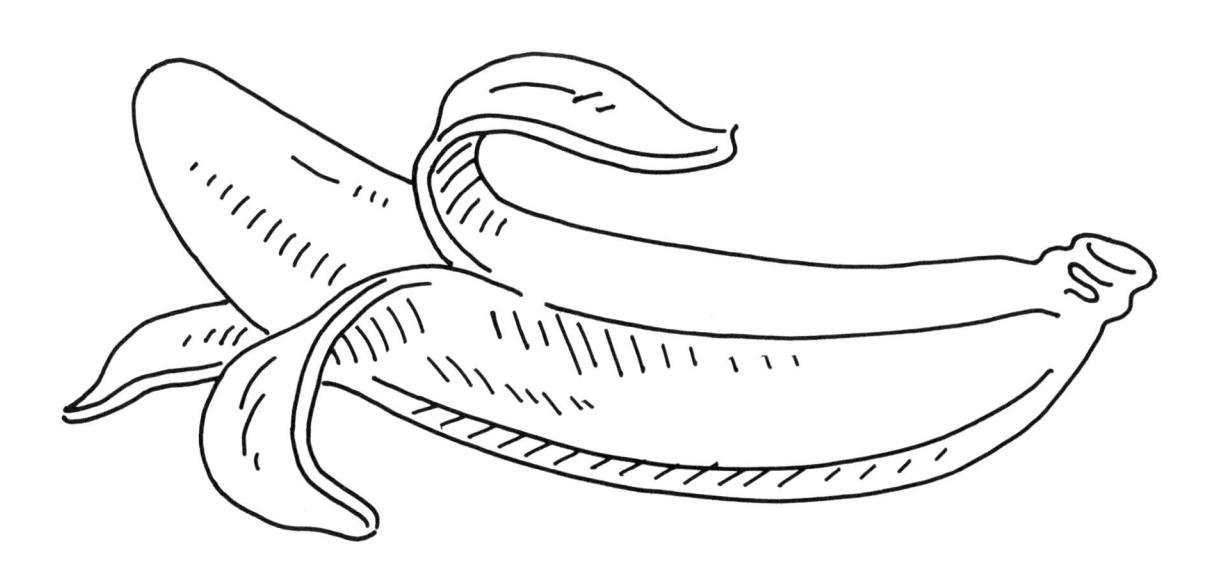

la piña

LEARNING SYSTEM B

© National Textbook Company

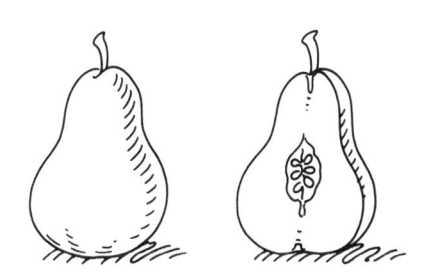

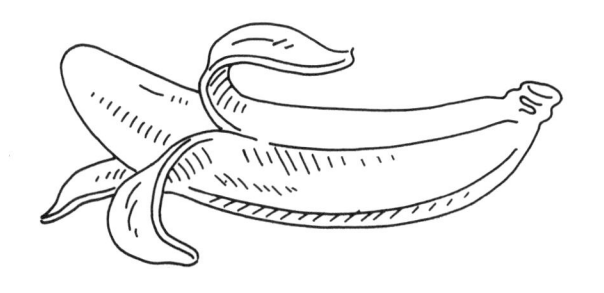

¡Viva el español!
Master **58**

LEARNING SYSTEM B

© National Textbook Company

¡Viva el español!
Master **59**

cactus = −2

sun = +2

snake = −5

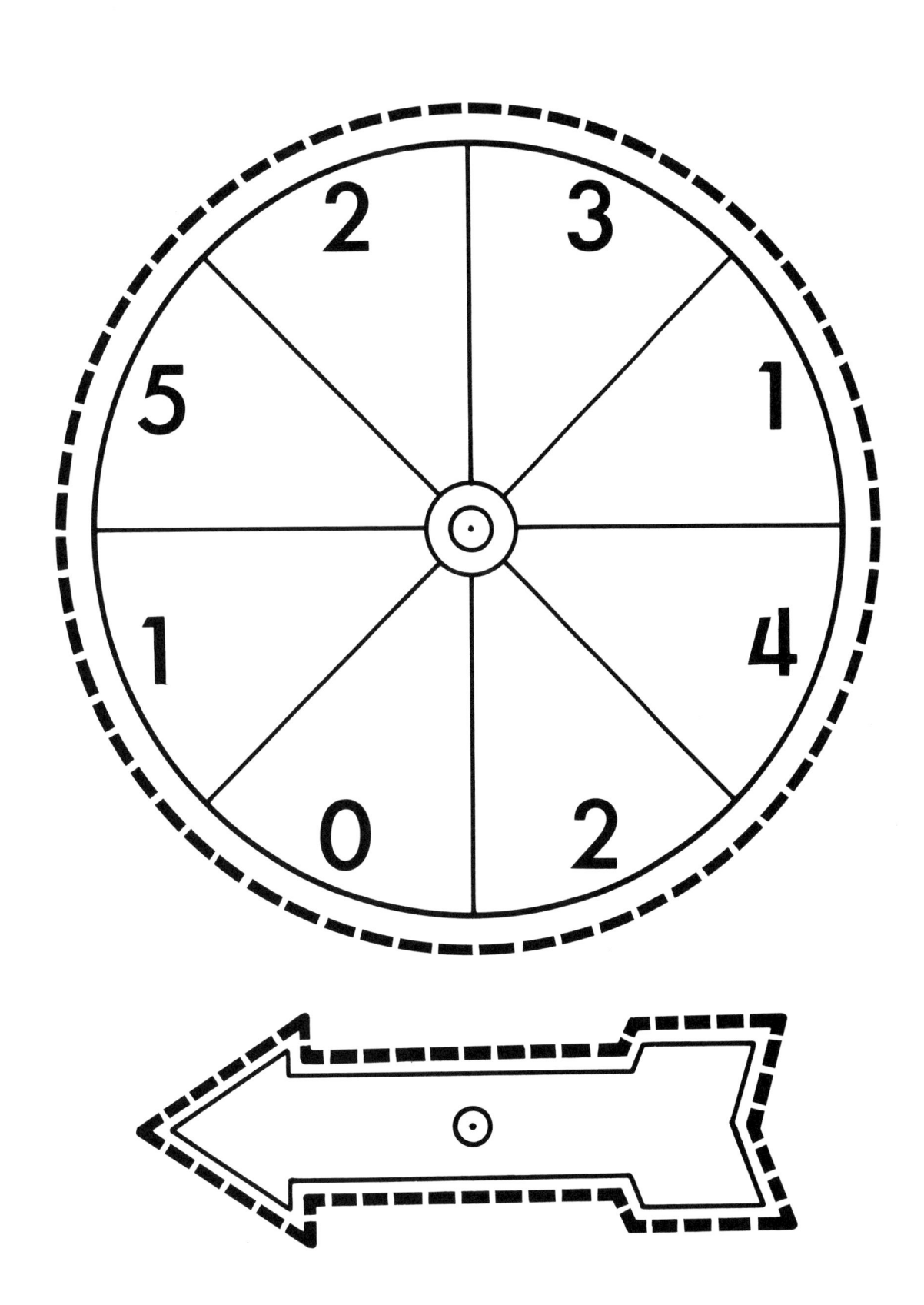

LEARNING SYSTEM B
© National Textbook Company

¡Viva el español!
Master **60**

LEARNING SYSTEM B
© National Textbook Company

¡Viva el español!
Master **61**

el tenedor

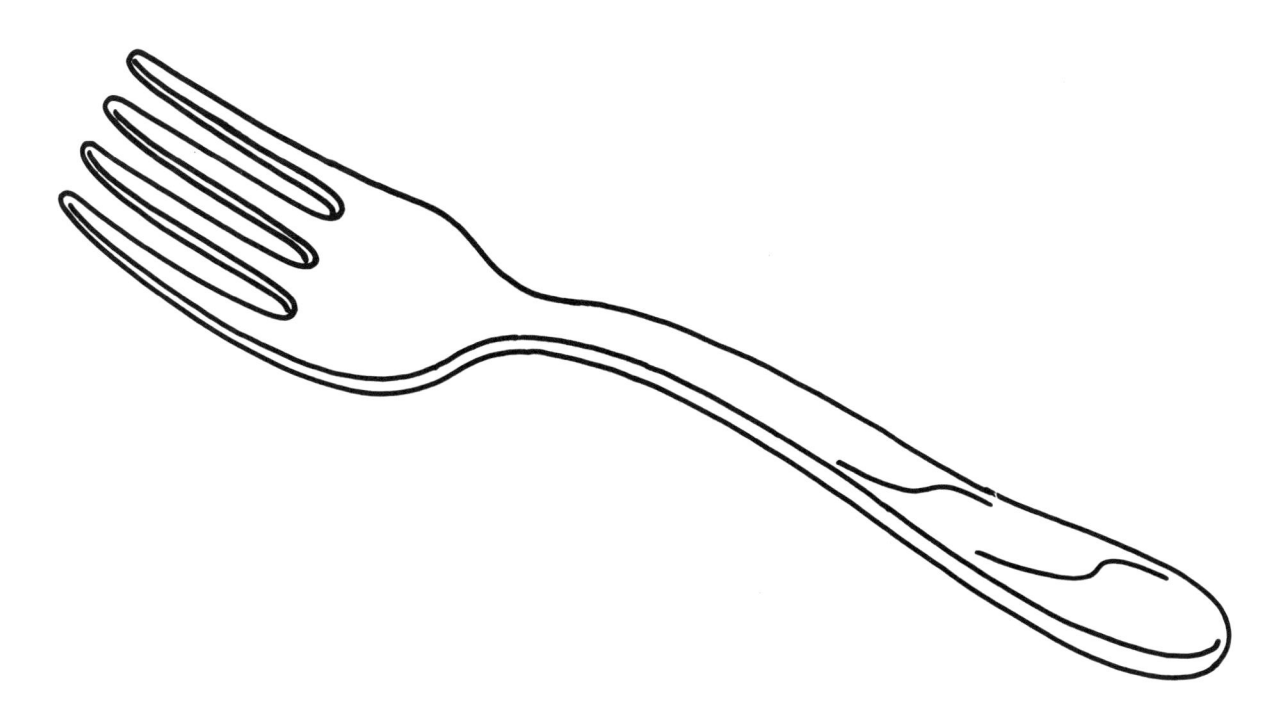

la cuchara

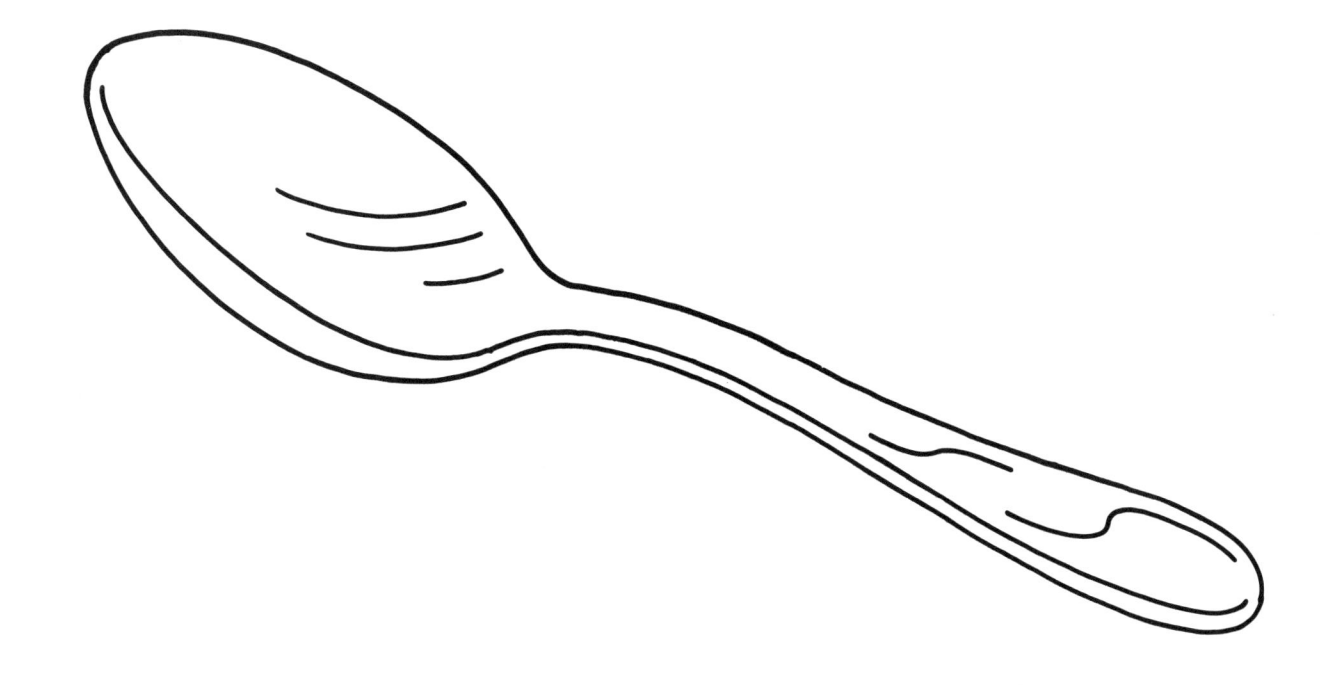

LEARNING SYSTEM B
© National Textbook Company

¡Viva el español!
Master **62**

el cuchillo

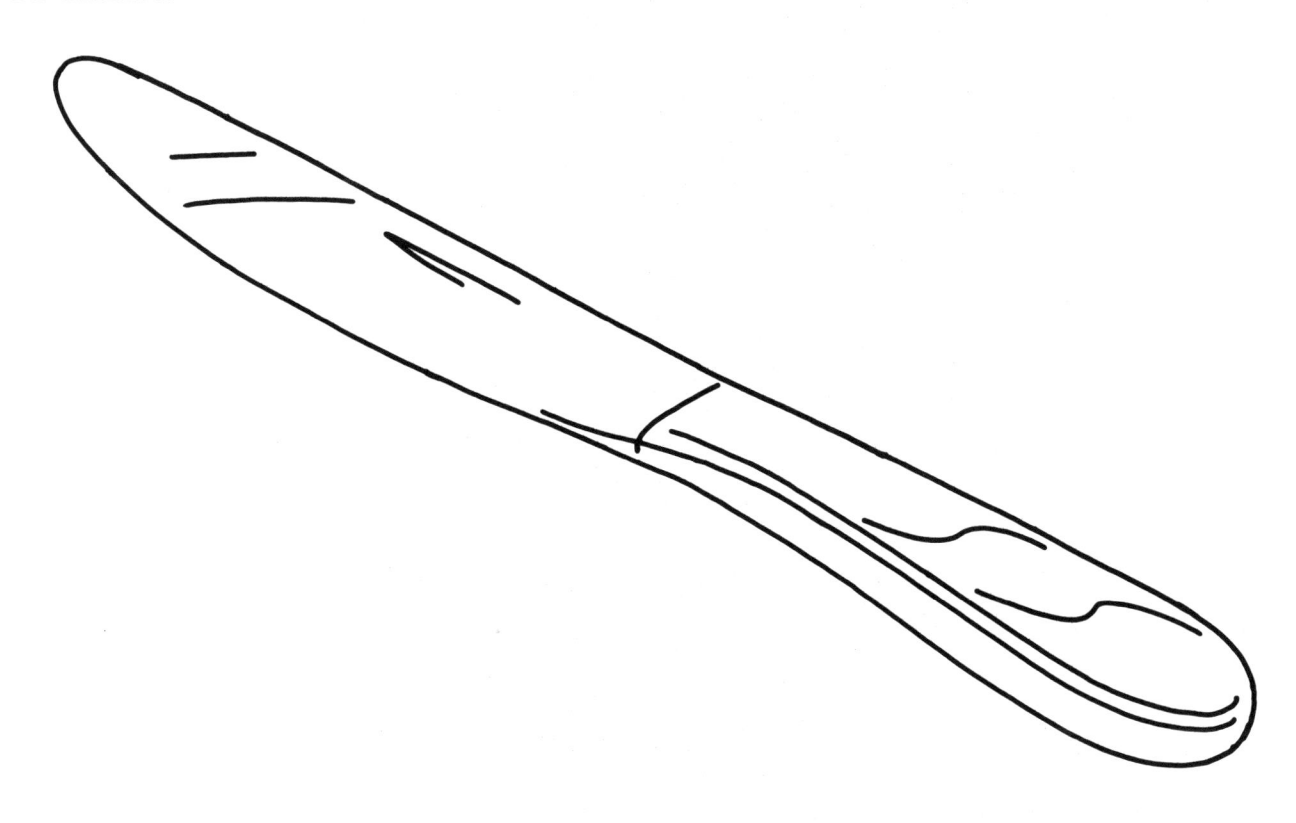

la servilleta

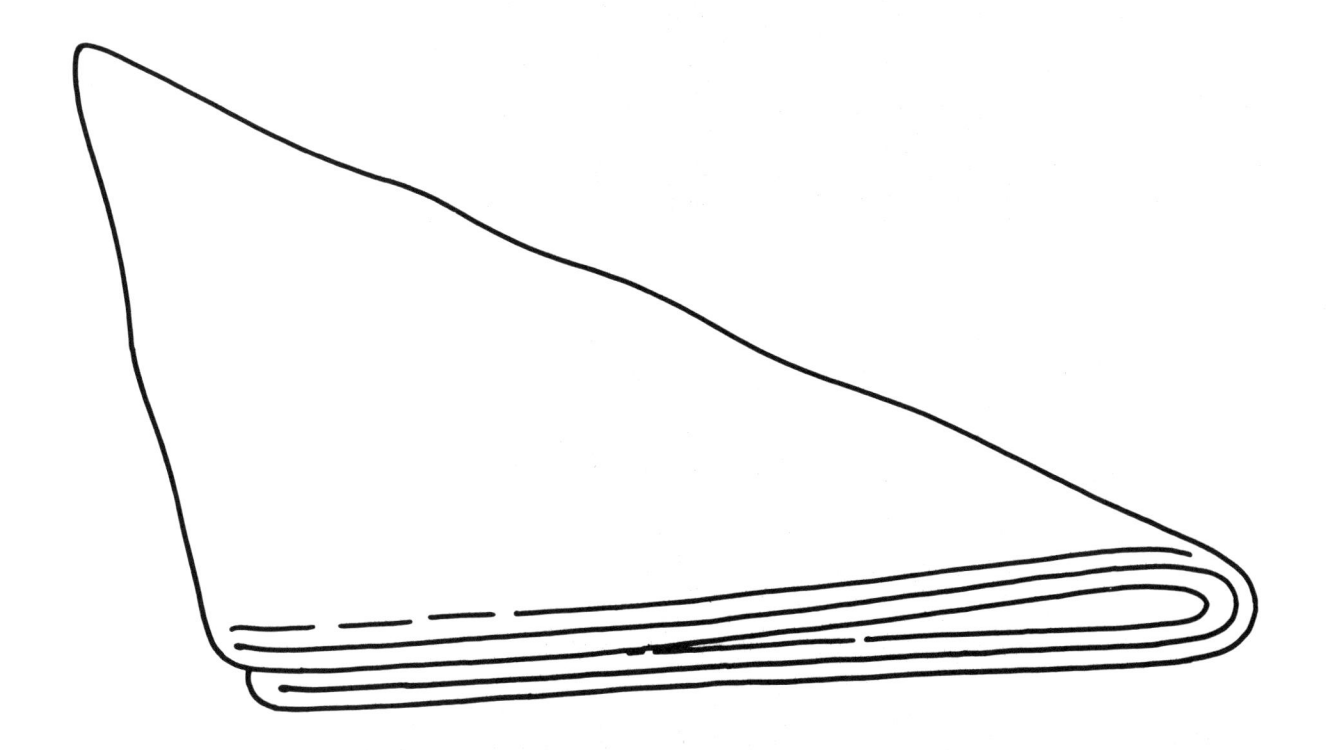

LEARNING SYSTEM B
© National Textbook Company

¡Viva el español!
Master **63**

la taza

el platillo

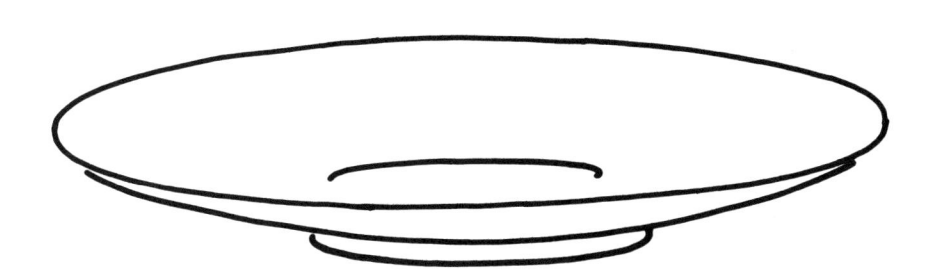

LEARNING SYSTEM B

© National Textbook Company

¡Viva el español!
Master **64**

el vaso

el plato

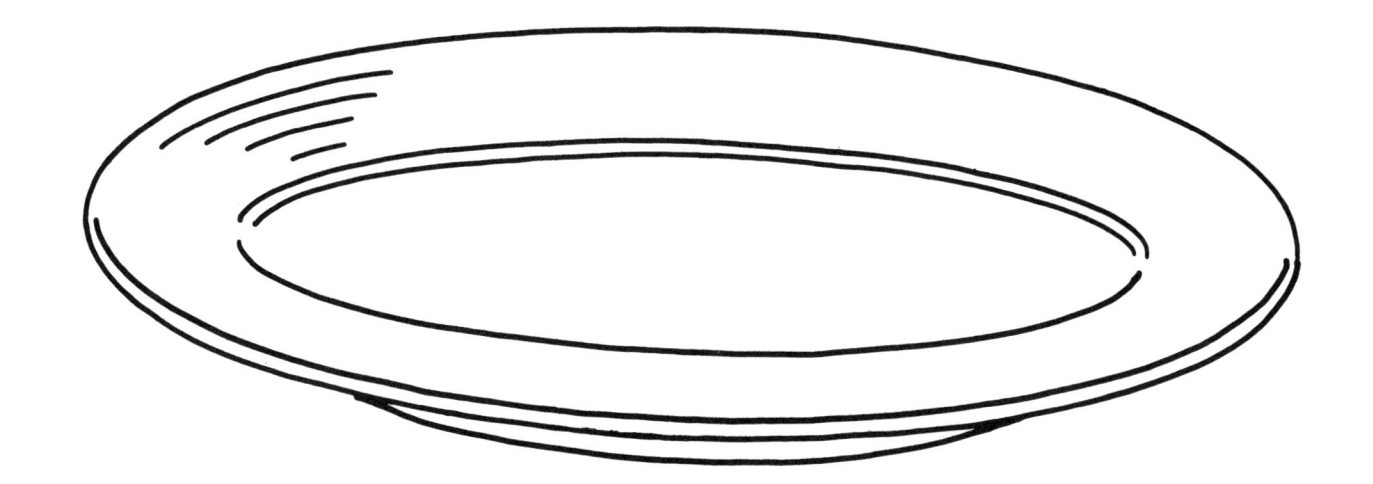

LEARNING SYSTEM B

© National Textbook Company

¡Viva el español!
Master **65**

la cuchara

el tenedor

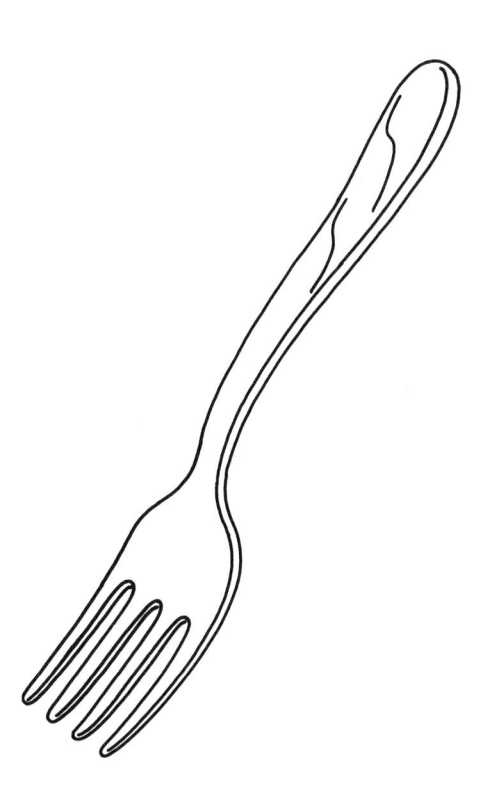

LEARNING SYSTEM B

© National Textbook Company

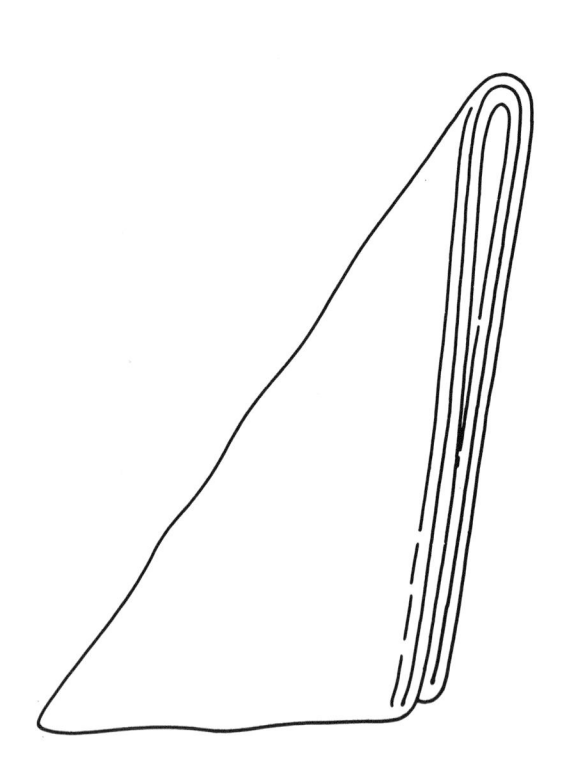

¡Viva el español!
Master **65**

la servilleta

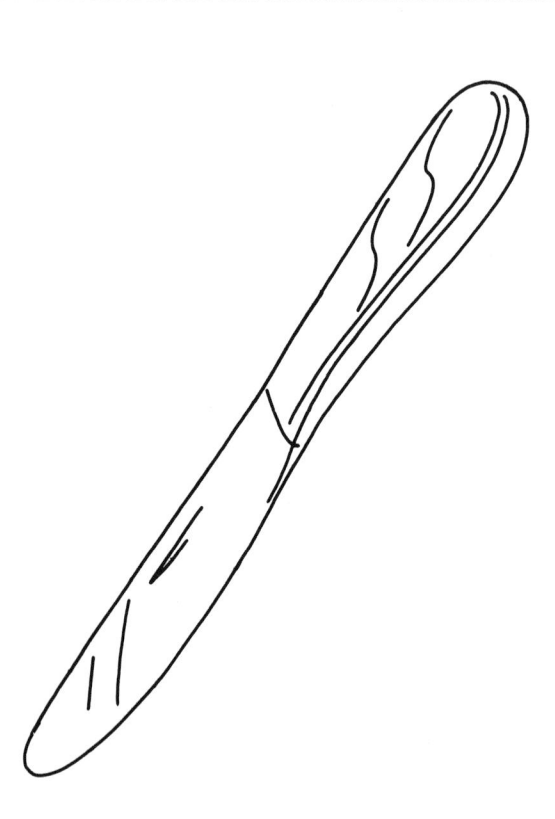

el cuchillo

LEARNING SYSTEM B

© National Textbook Company

¡Viva el español!
Master **66**

el platillo

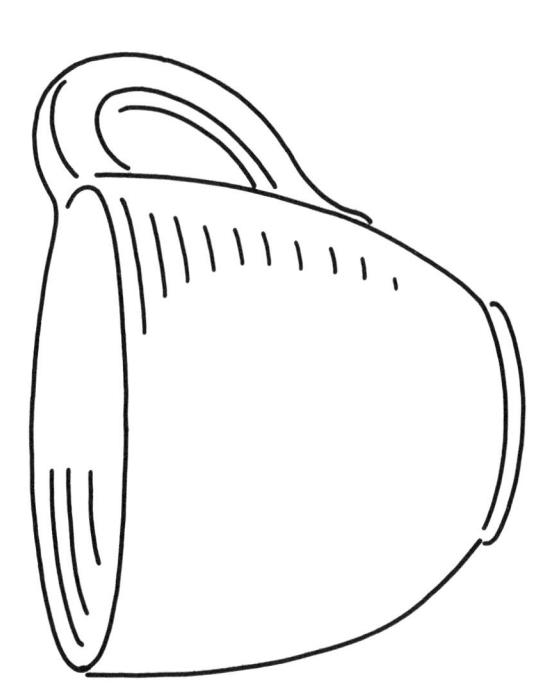

la taza

LEARNING SYSTEM B

© National Textbook Company

¡Viva el español!
Master **66**

el plato

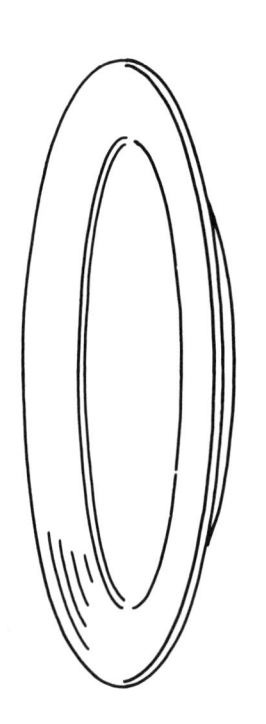

el vaso

LEARNING SYSTEM B
© National Textbook Company

¡Viva el español!
Master **67**

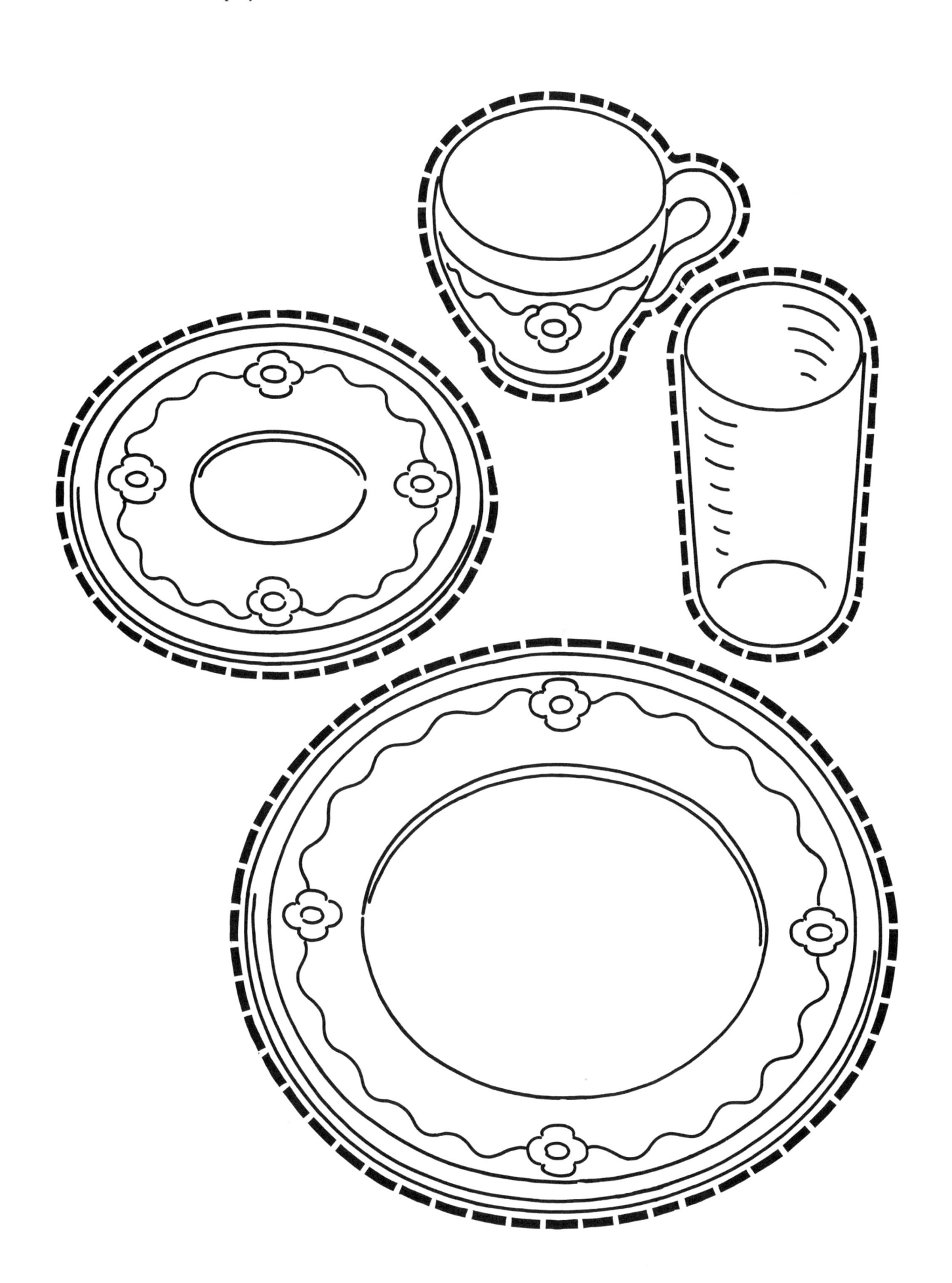

LEARNING SYSTEM B

© National Textbook Company

¡Viva el español!
Master **68**

LEARNING SYSTEM B

© National Textbook Company

¡Viva el español!
Master **69**

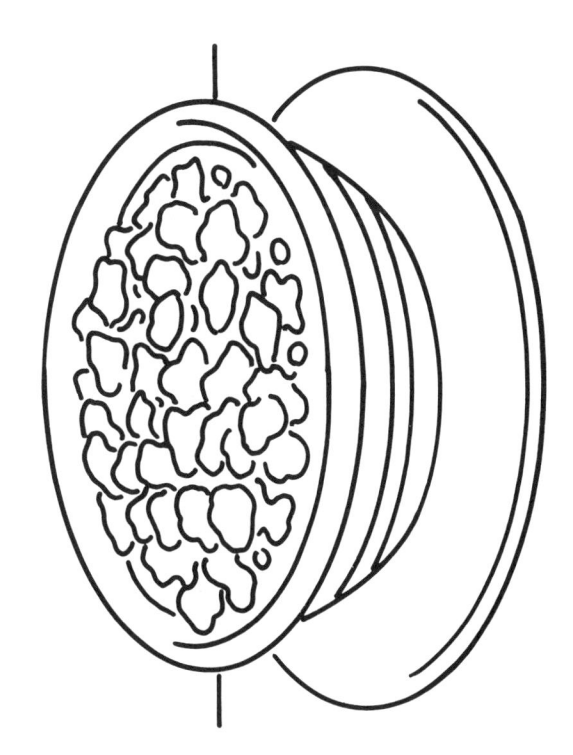

el cereal

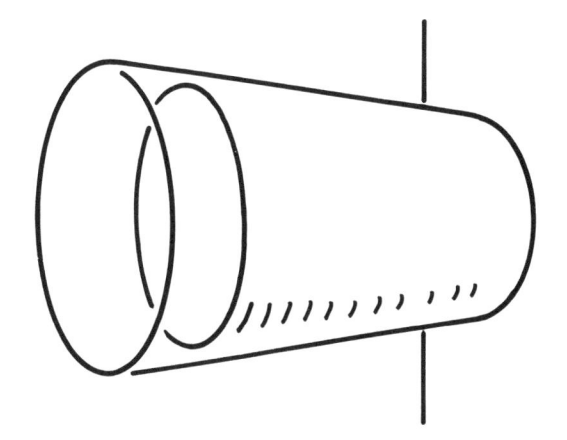

la leche

LEARNING SYSTEM B

© National Textbook Company

¡Viva el español!
Master **69**

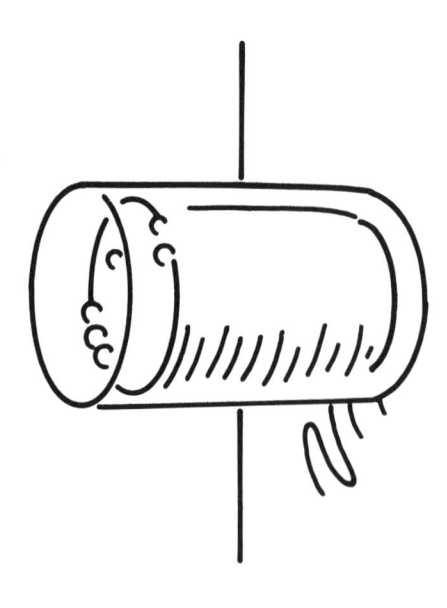

el jugo

el pan tostado

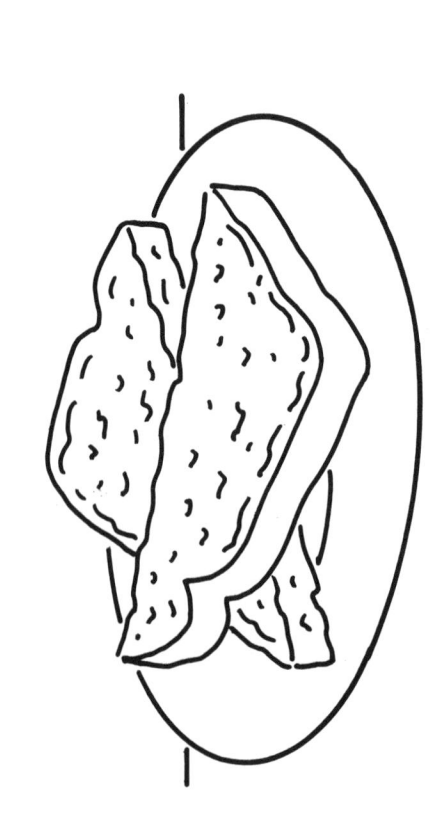

LEARNING SYSTEM B

© National Textbook Company

¡Viva el español!
Master **70**

las galletas

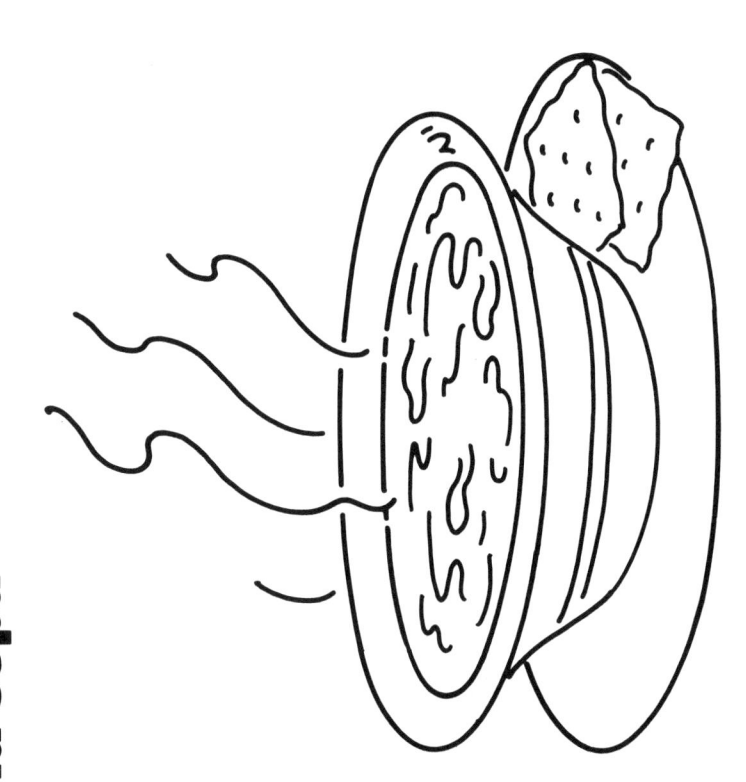

la sopa

LEARNING SYSTEM B

© National Textbook Company

¡Viva el español!
Master **70**

el sándwich

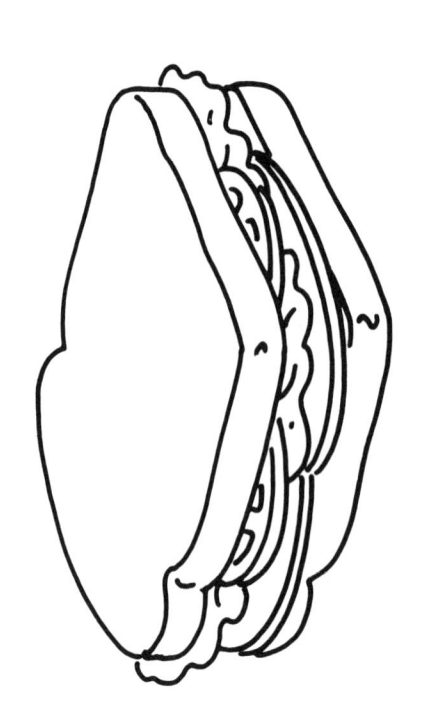

el queso

LEARNING SYSTEM B

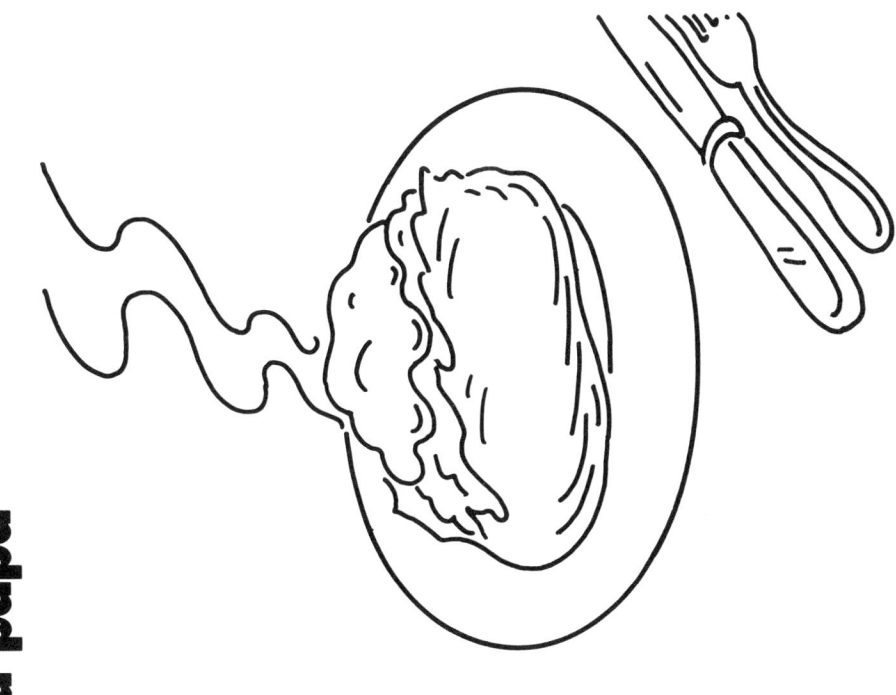

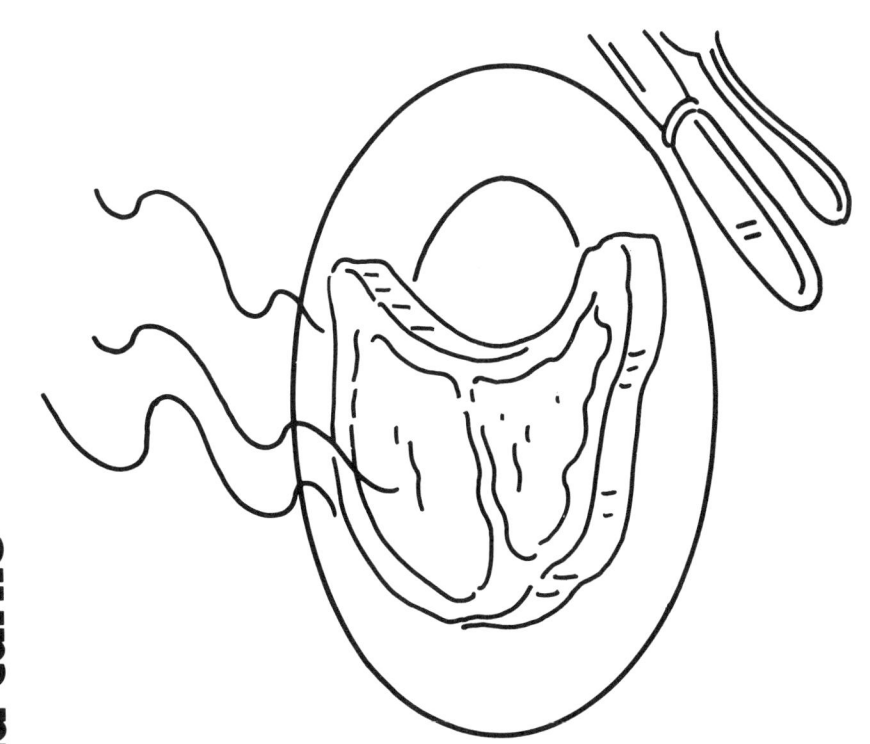

© National Textbook Company

¡Viva el español!
Master **71**

la papa

la carne

LEARNING SYSTEM B

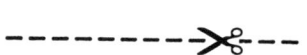

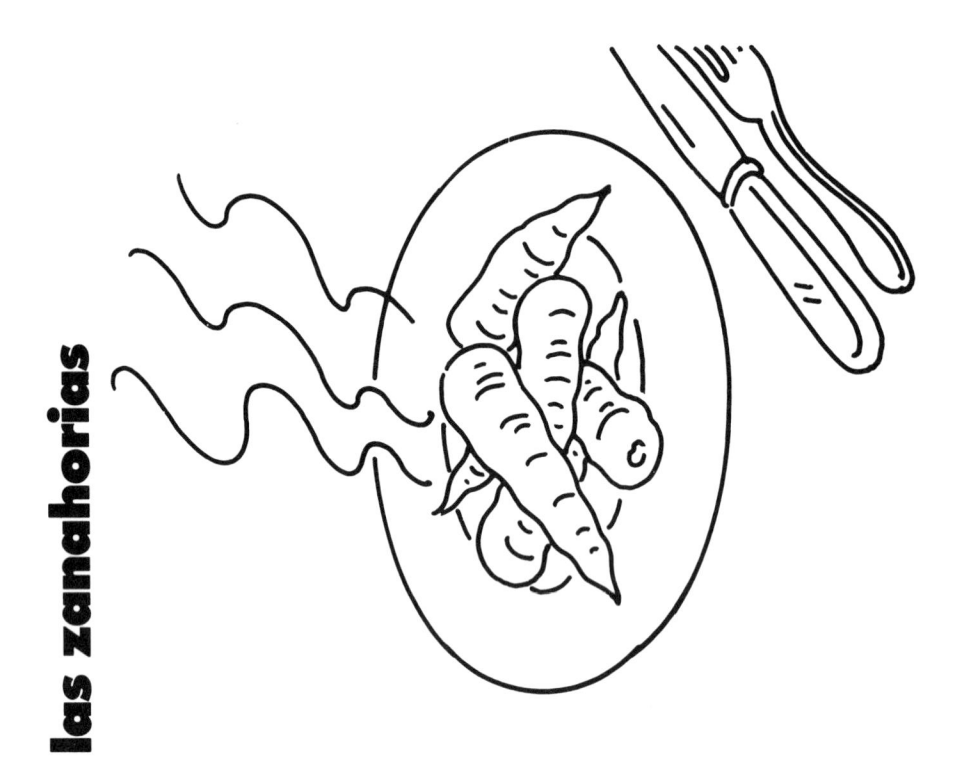

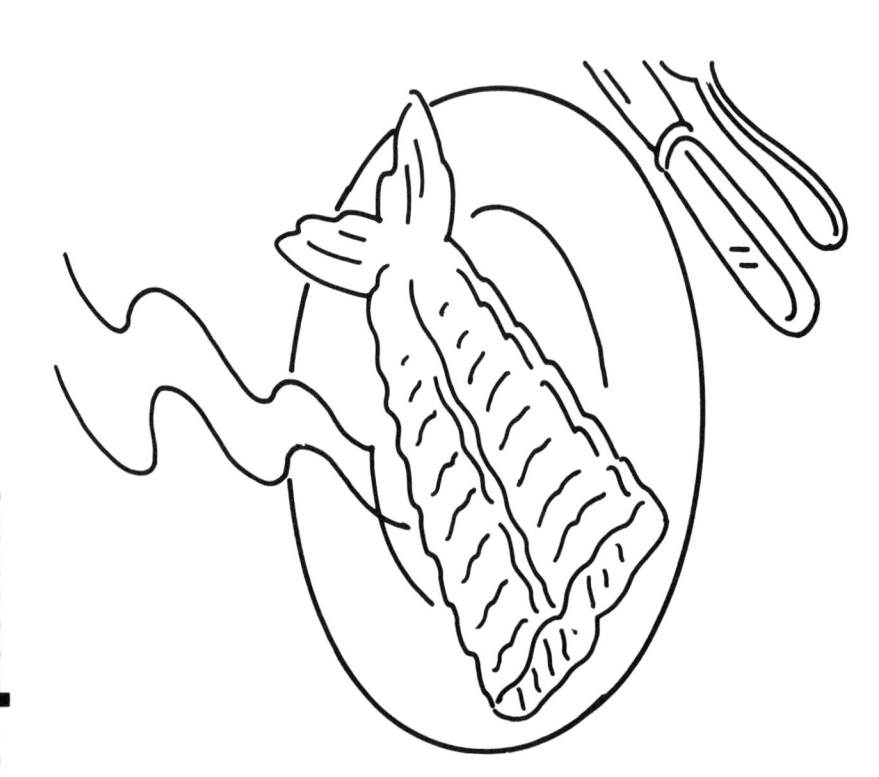

© National Textbook Company

¡Viva el español!
Master **71**

las zanahorias

el pescado

LEARNING SYSTEM B

© National Textbook Company

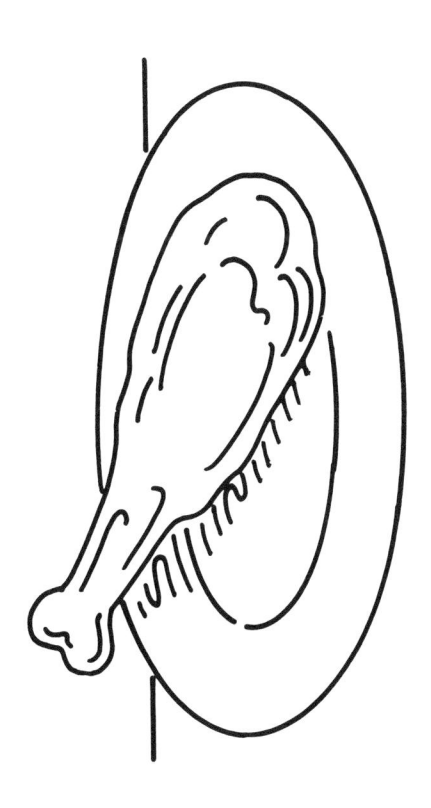

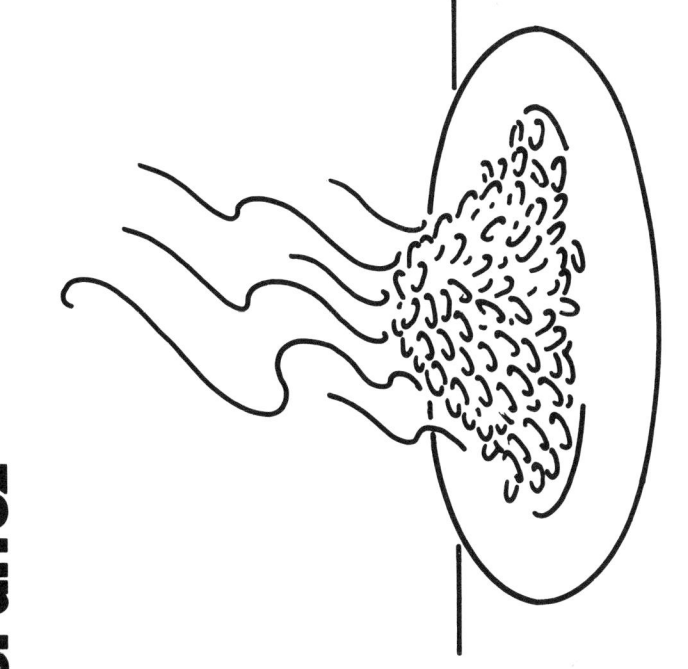

¡Viva el español!
Master **72**

el pollo

el arroz

LEARNING SYSTEM B

© National Textbook Company

¡Viva el español!
Master **72**

la sal y la pimienta

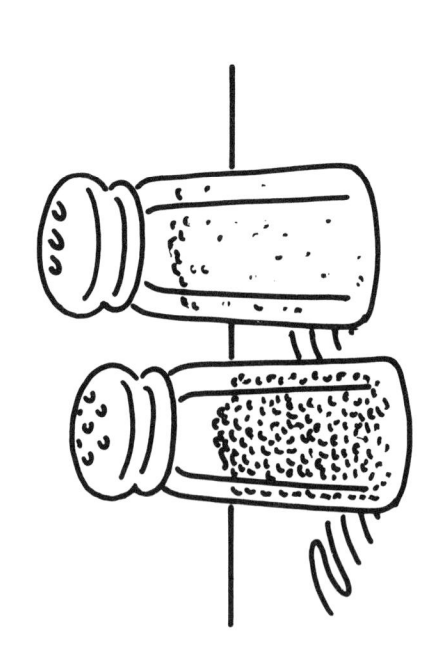

la salsa de tomate

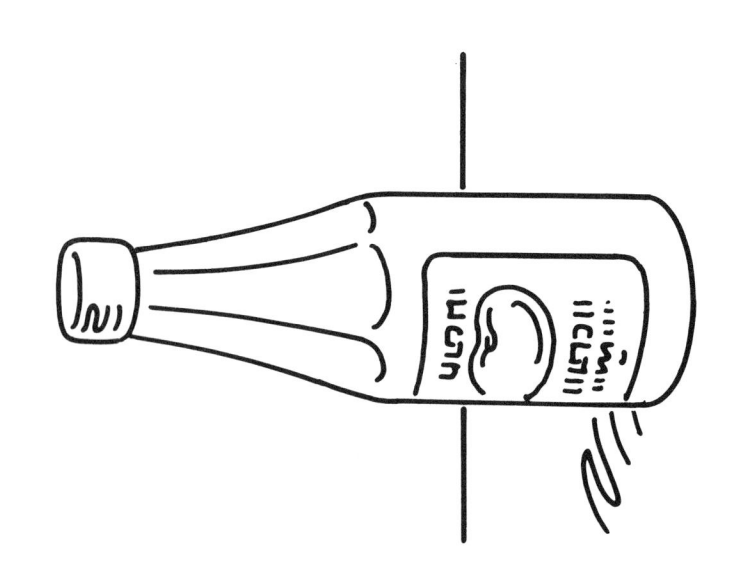

LEARNING SYSTEM B

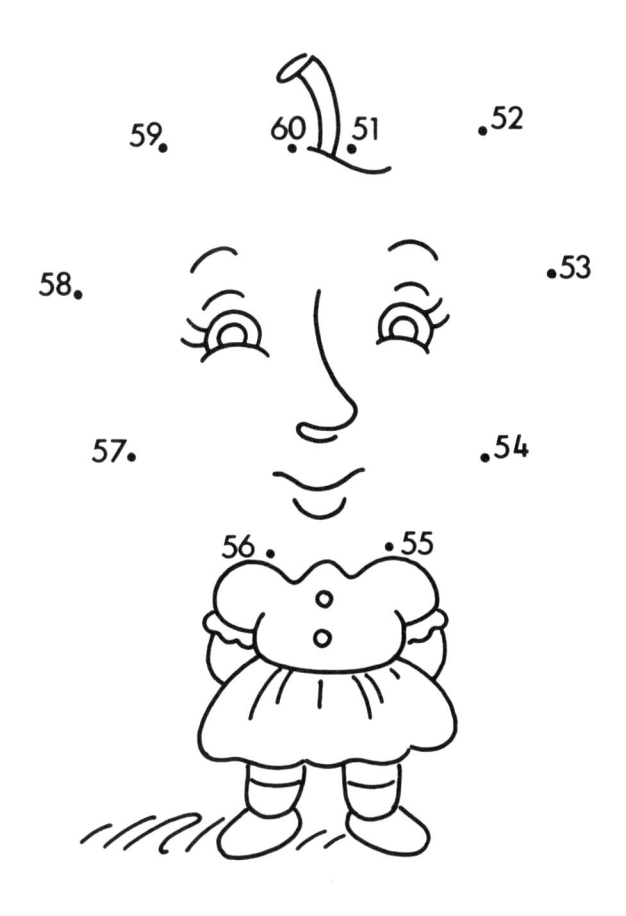

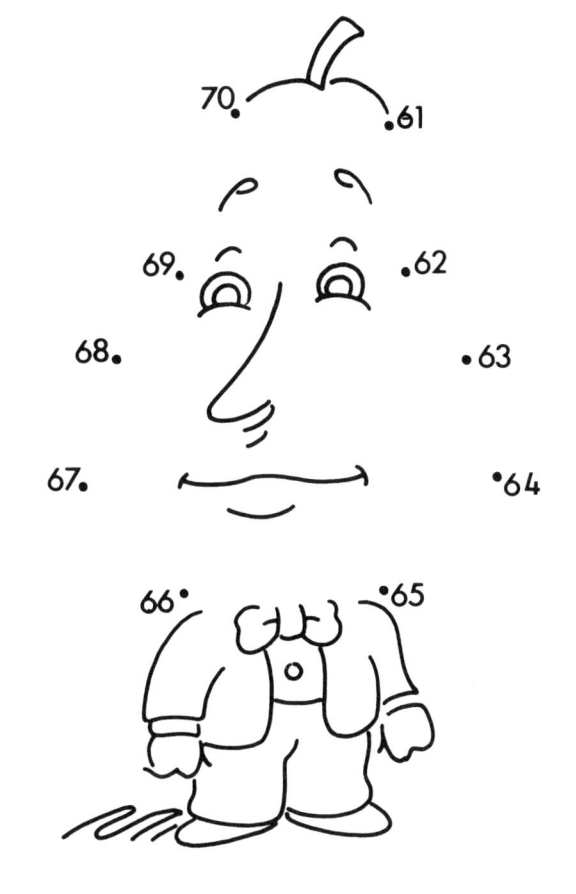

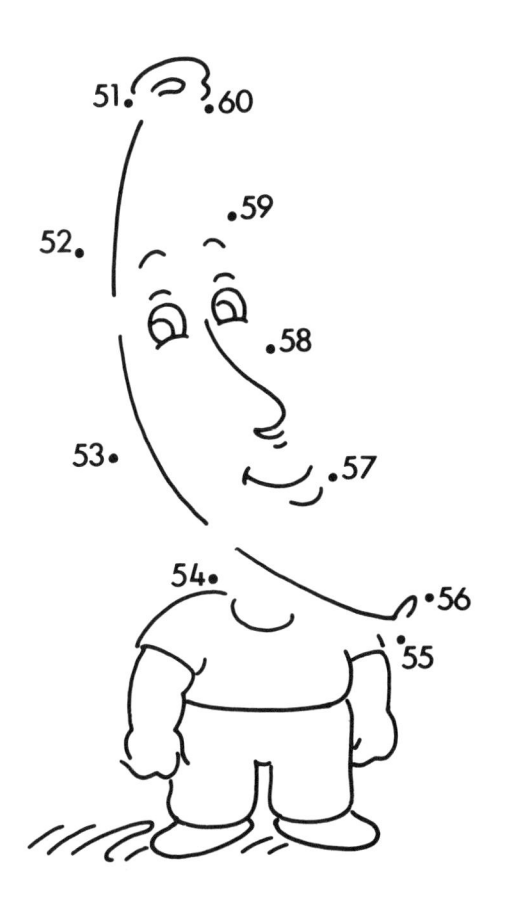

© National Textbook Company

¡Viva el español!
Master **73**

LEARNING SYSTEM B

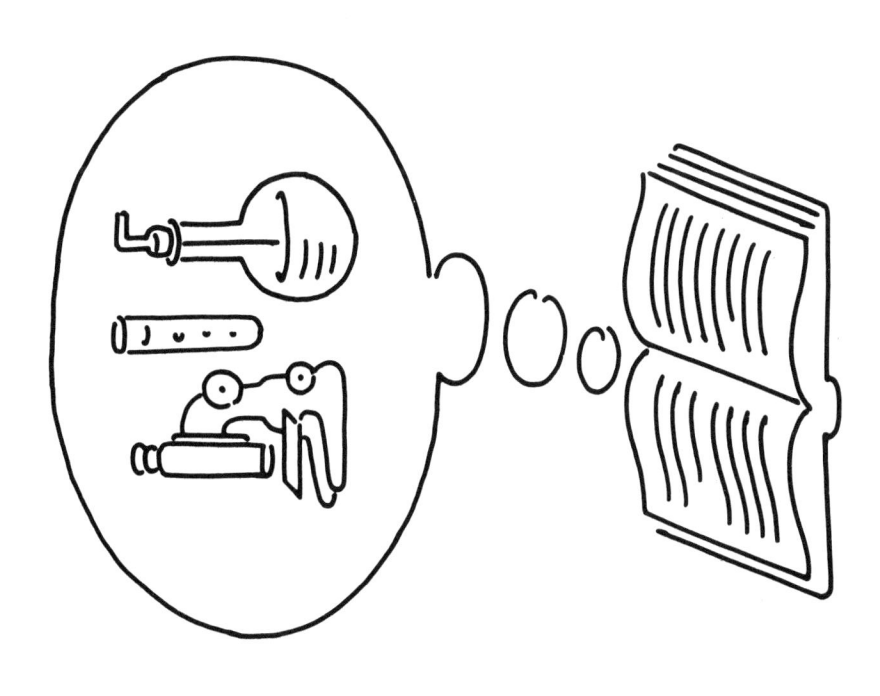

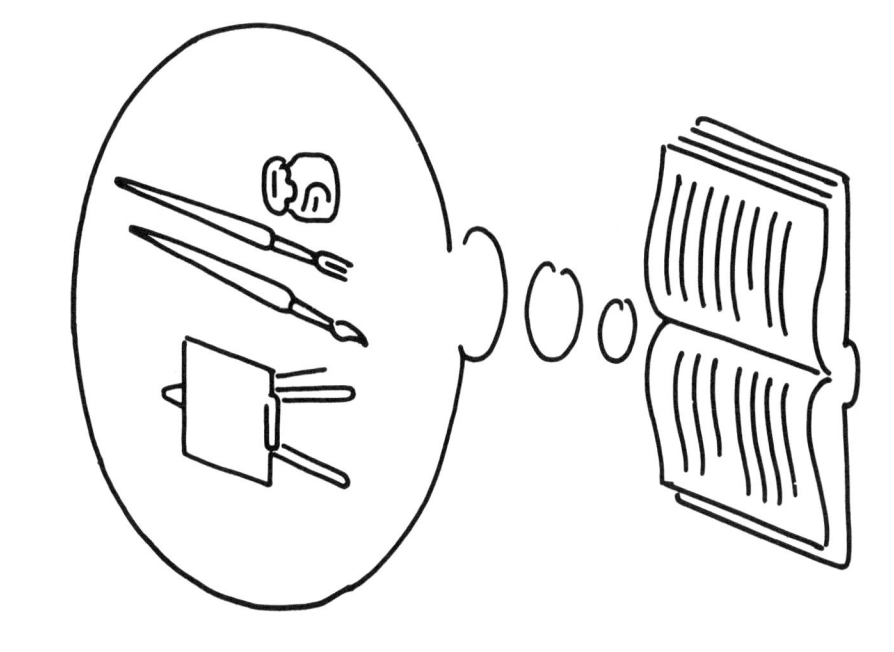

© National Textbook Company

¡Viva el español!
Master **74**

las ciencias

el arte

LEARNING SYSTEM B

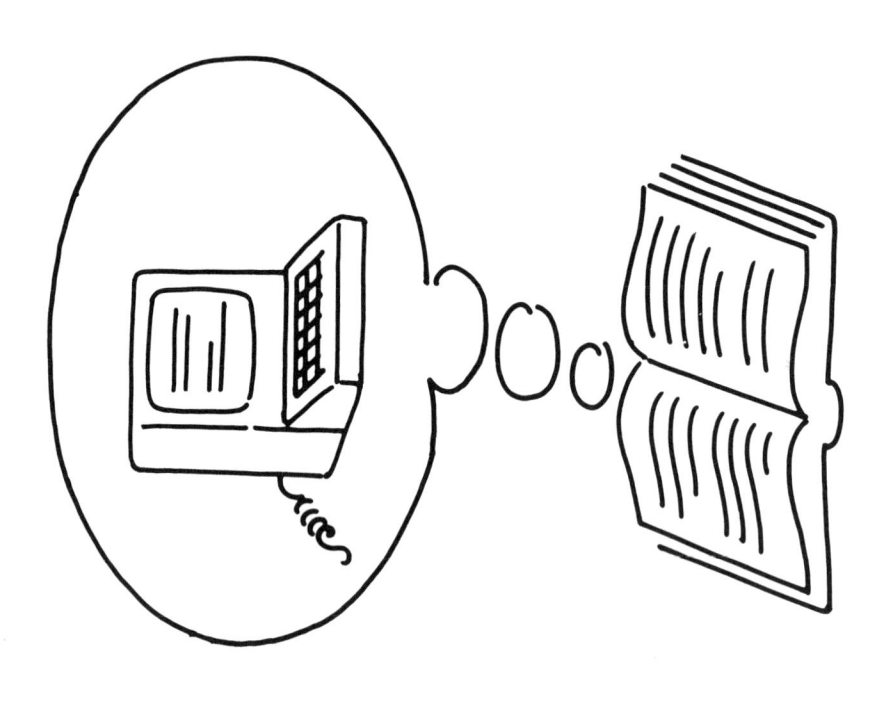

© National Textbook Company

¡Viva el español!
Master **74**

las computadoras

las matemáticas

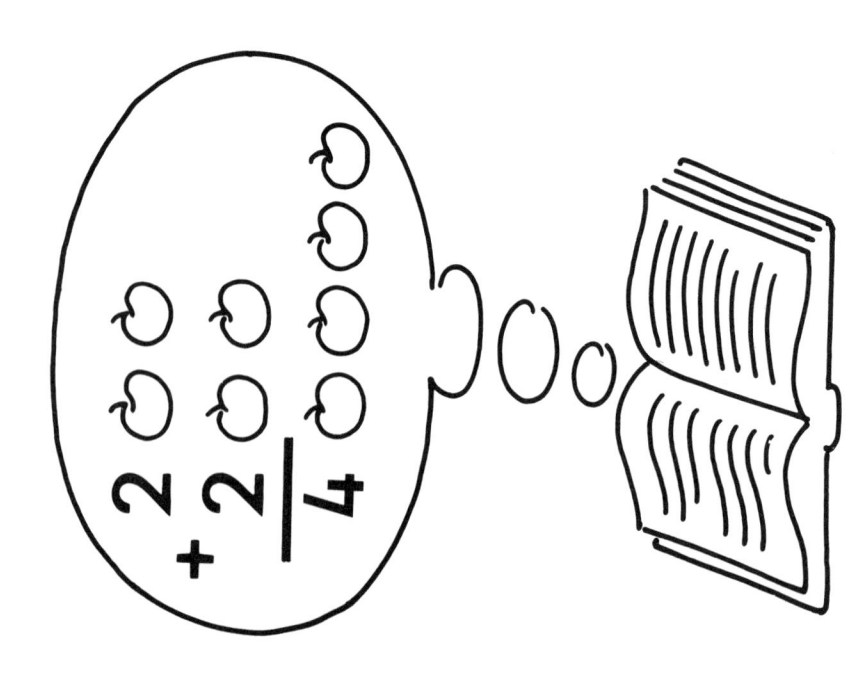

LEARNING SYSTEM B
© National Textbook Company

¡Viva el español!
Master **75**

la hora de recreo

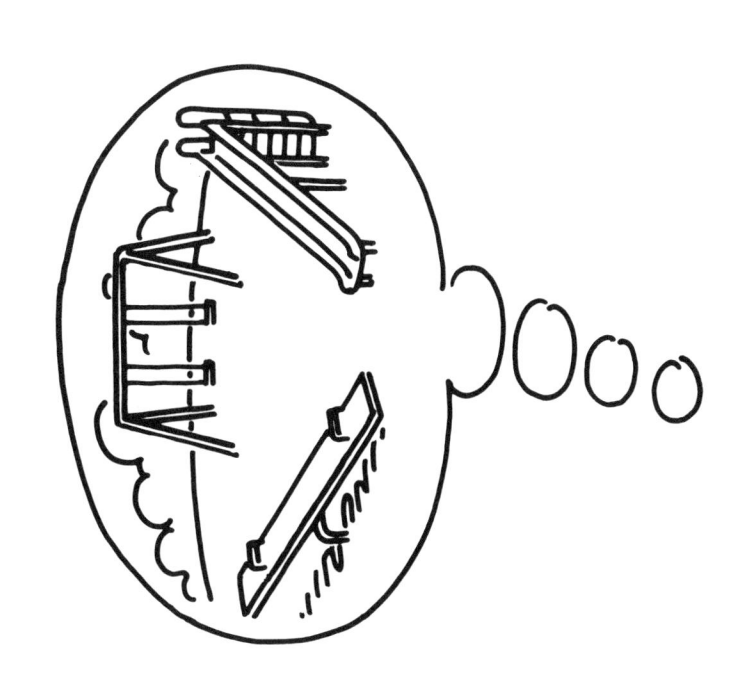

la música

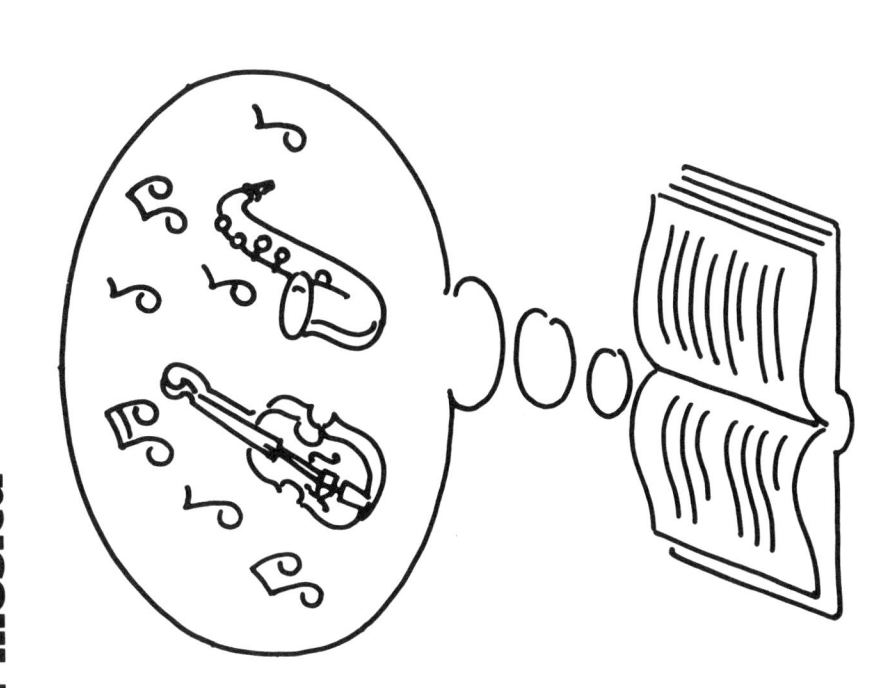

LEARNING SYSTEM B

© National Textbook Company

¡Viva el español!
Master **75**

la geografía

la historia

LEARNING SYSTEM B

© National Textbook Company

¡Viva el español!
Master **76**

el español

niño

el inglés

boy

LEARNING SYSTEM B

© National Textbook Company

¡Viva el español!
Master **76**

Hago ejercicios.

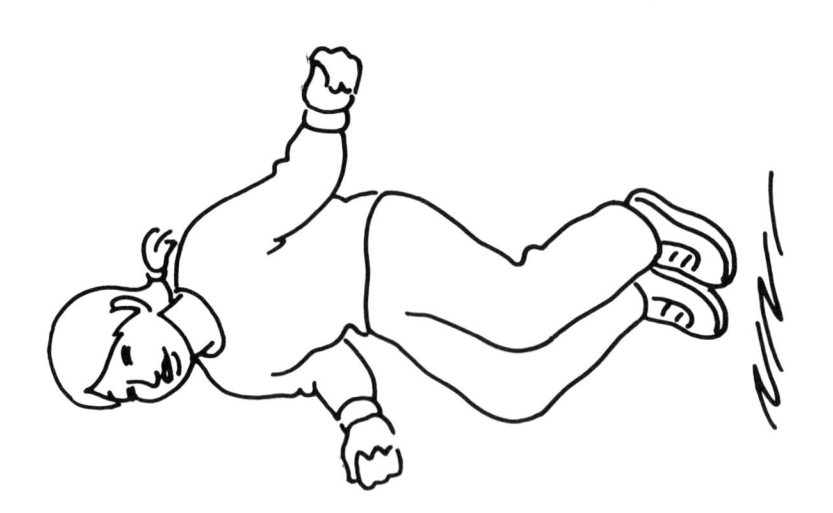

Estudio.

LEARNING SYSTEM B

© National Textbook Company

¡Viva el español!
Master 77

LEARNING SYSTEM B

© National Textbook Company

¡Viva el español!
Master **78**

el inglés

el español

las matemáticas

las ciencias

el arte

la música

la hora de recreo

la historia

la geografía

LEARNING SYSTEM B

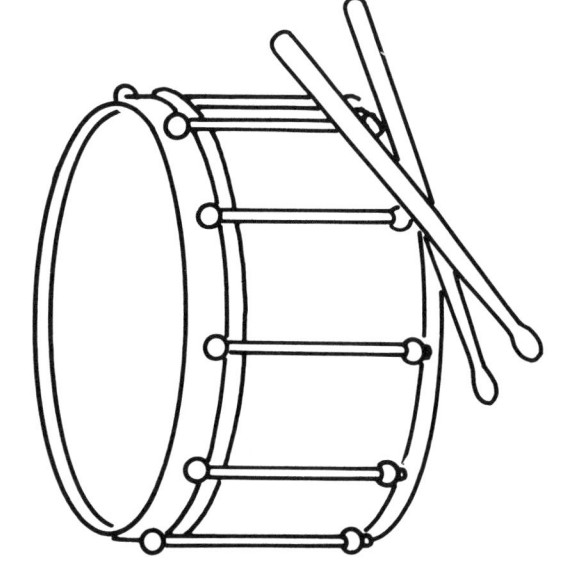

© National Textbook Company

¡Viva el español!
Master **79**

la guitarra

el tambor

LEARNING SYSTEM B

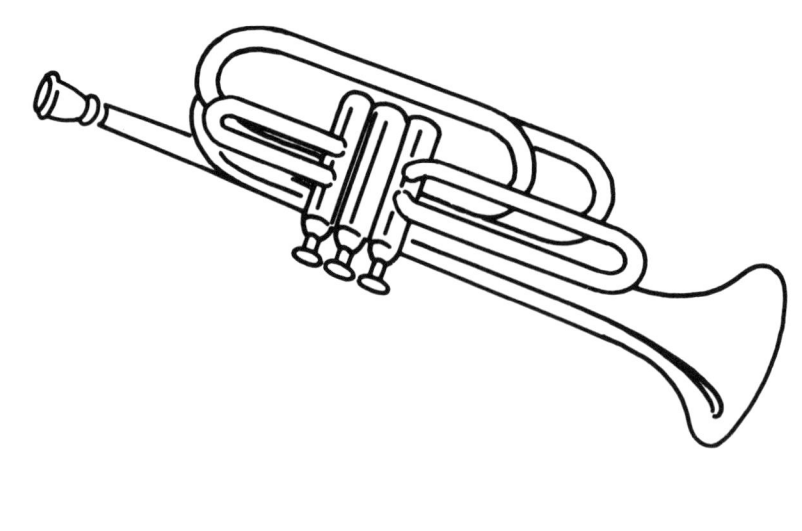

© National Textbook Company

¡Viva el español!
Master **79**

la trompeta

el piano

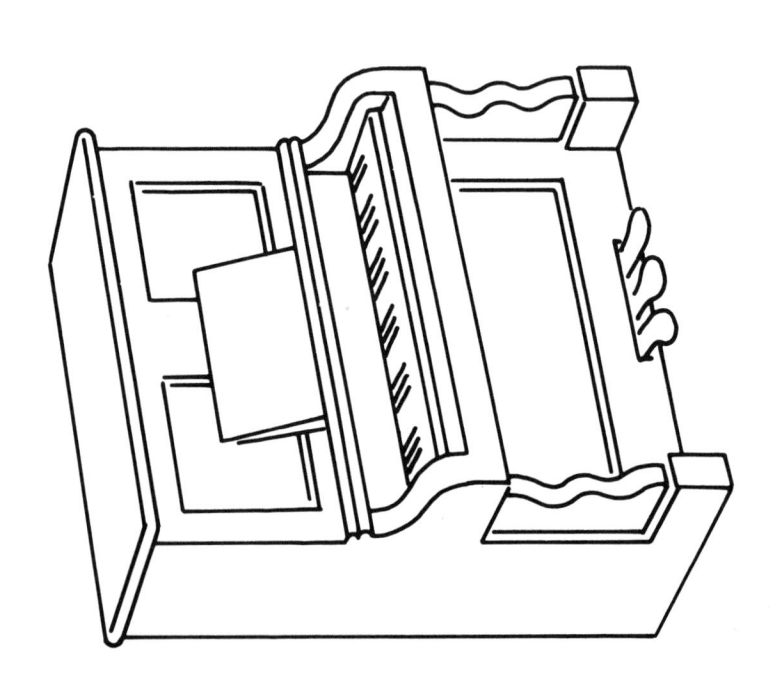

LEARNING SYSTEM B

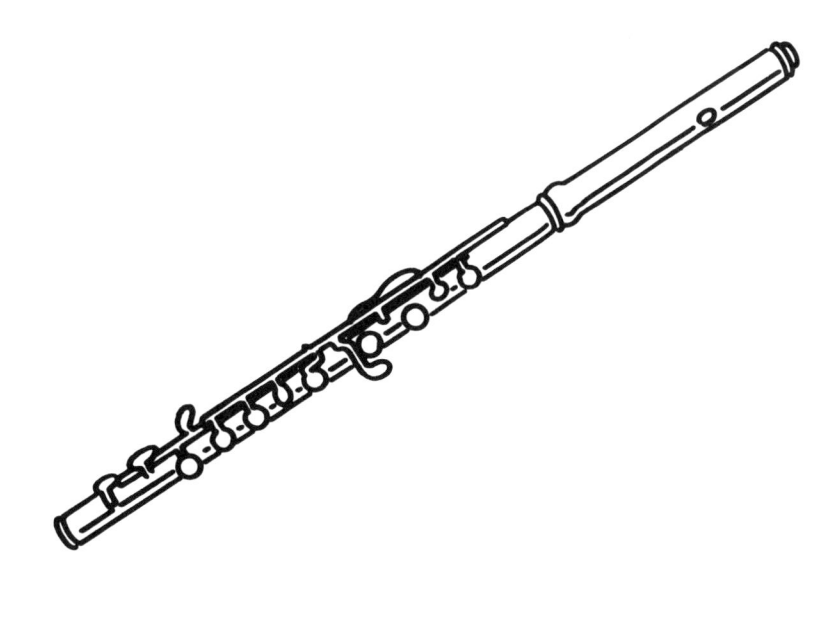

© National Textbook Company

¡Viva el español!
Master **80**

la flauta

el violín

LEARNING SYSTEM B

© National Textbook Company

¡Viva el español!
Master **80**

la pandereta

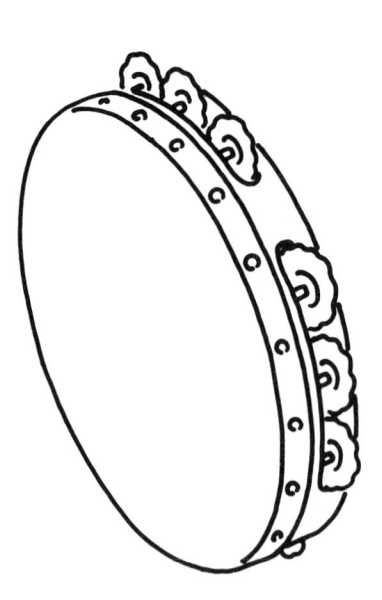

el clarinete

LEARNING SYSTEM B

¡Viva el español!
Master **81**

© National Textbook Company

el tambor	**la guitarra**
el piano	**la trompeta**
el violín	**la flauta**
el clarinete	**la pandereta**

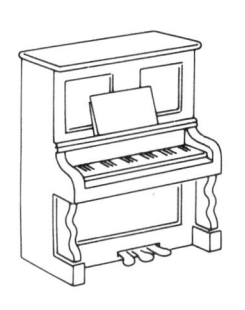

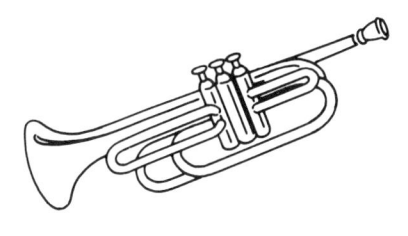

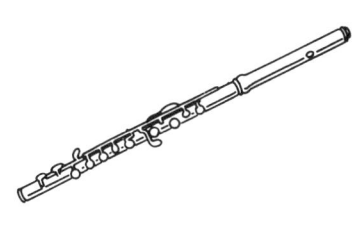

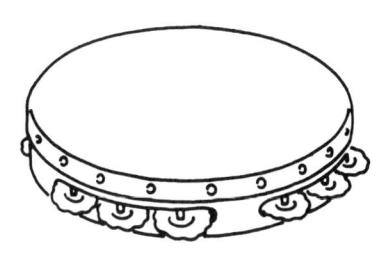

¡Viva el español!
Master **82**

el payaso

la payasa

¡Viva el español!
Master **83**

grande

mediana

pequeña

LEARNING SYSTEM B

© National Textbook Company

¡Viva el español!
Master **84**

alto　　　　　　　　　　　**alta**

bajo　　　　　　　　　　　**baja**

LEARNING SYSTEM B

© National Textbook Company

¡Viva el español!
Master **85**

gordo   **gorda**

delgado   **delgada**

bonito   **bonita**

feo   **fea**

LEARNING SYSTEM B
© National Textbook Company

¡Viva el español!
Master **87**

suave

dura

¡Viva el español!
Master 88

sucio

limpio

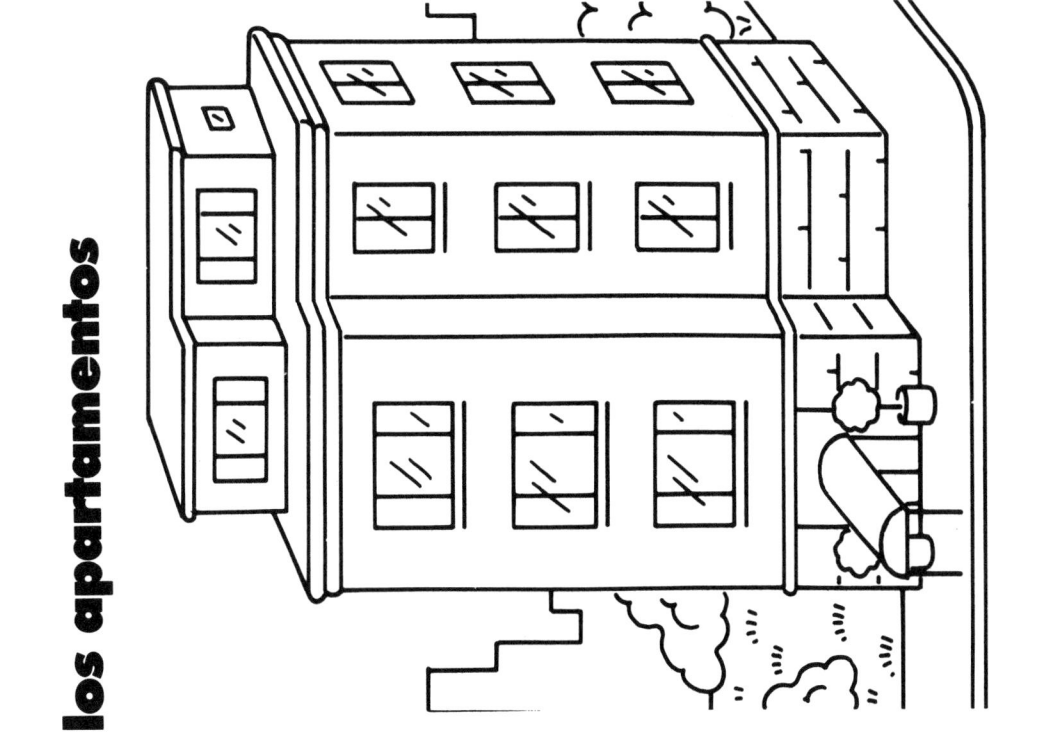

LEARNING SYSTEM B

© National Textbook Company

¡Viva el español!
Master **89**

la tienda

los apartamentos

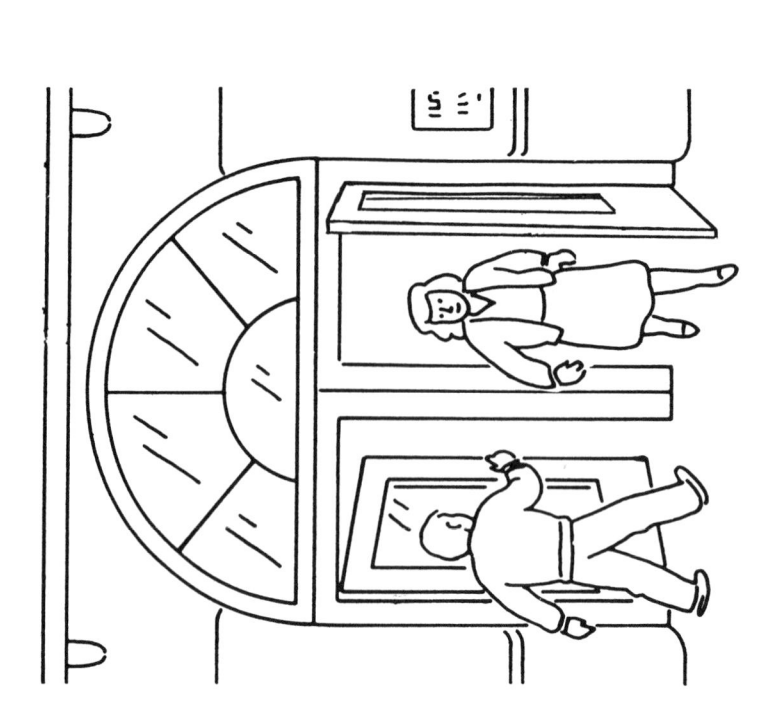

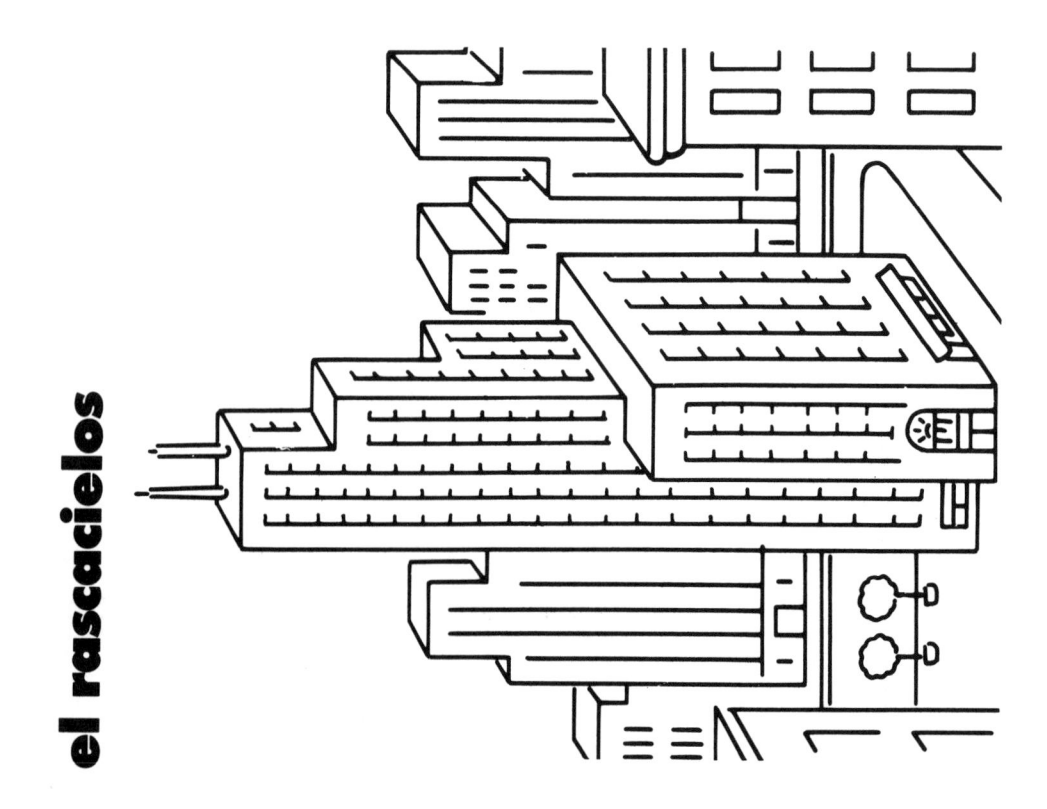

LEARNING SYSTEM B

© National Textbook Company

¡Viva el español!
Master **89**

la entrada / la salida

el rascacielos

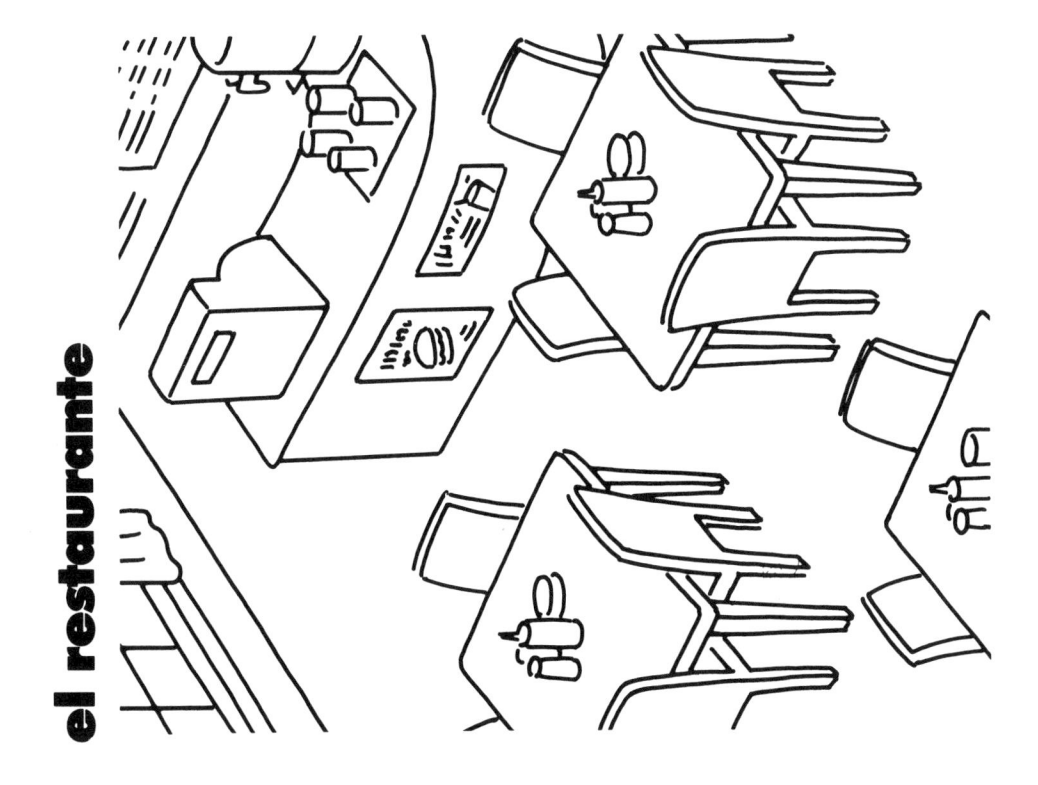

LEARNING SYSTEM B

© National Textbook Company

¡Viva el español!
Master **90**

el museo

el restaurante

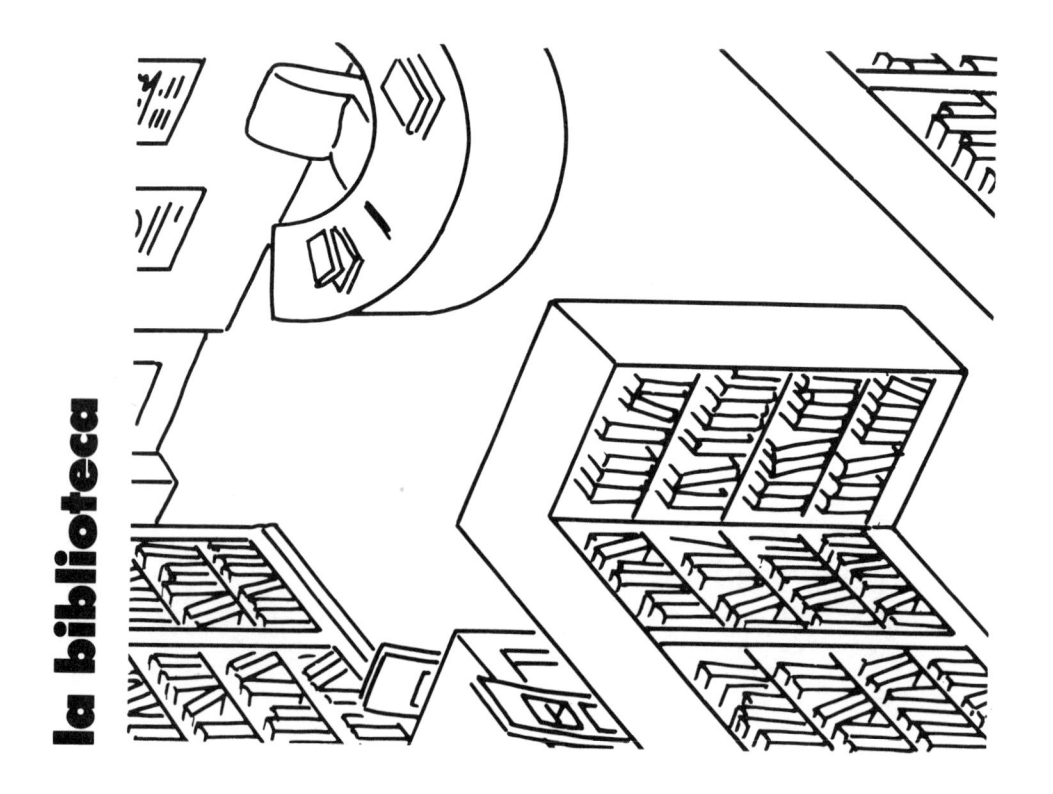

LEARNING SYSTEM B

© National Textbook Company

¡Viva el español!
Master **90**

el supermercado

la biblioteca

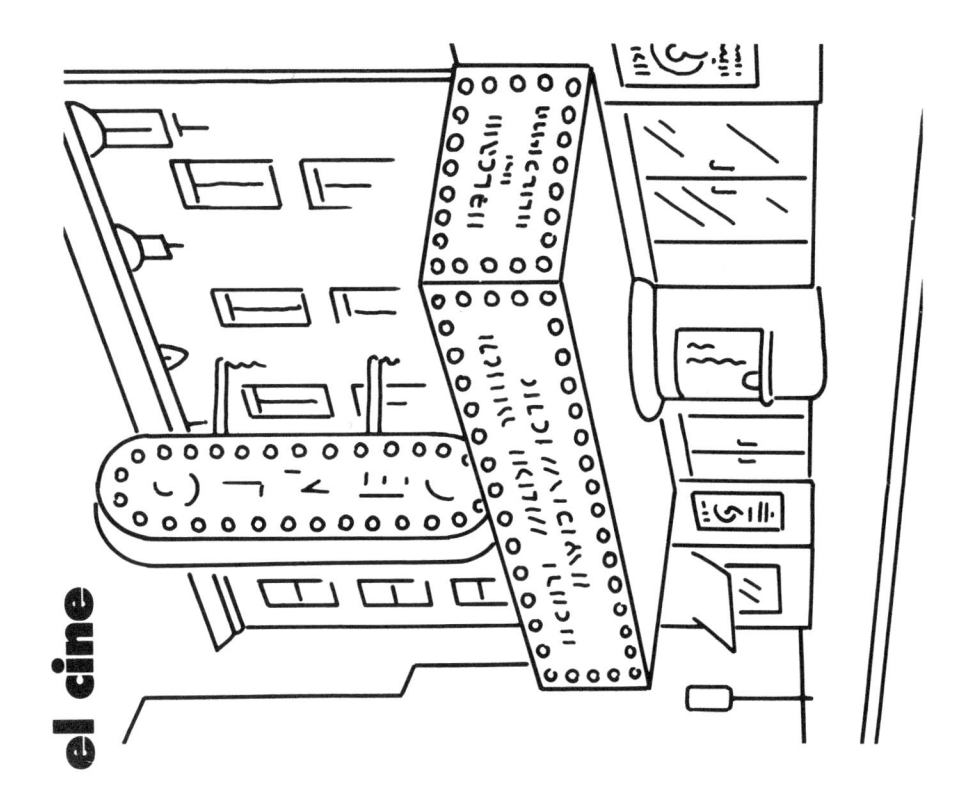

LEARNING SYSTEM B

© National Textbook Company

¡Viva el español!
Master **91**

el hospital

el cine

LEARNING SYSTEM B
© National Textbook Company

¡Viva el español!
Master **91**

el parque

el zoológico

LEARNING SYSTEM B

© National Textbook Company

¡Viva el español!
Master **92**

LEARNING SYSTEM B

© National Textbook Company

¡Viva el español!
Master **93**

LEARNING SYSTEM B

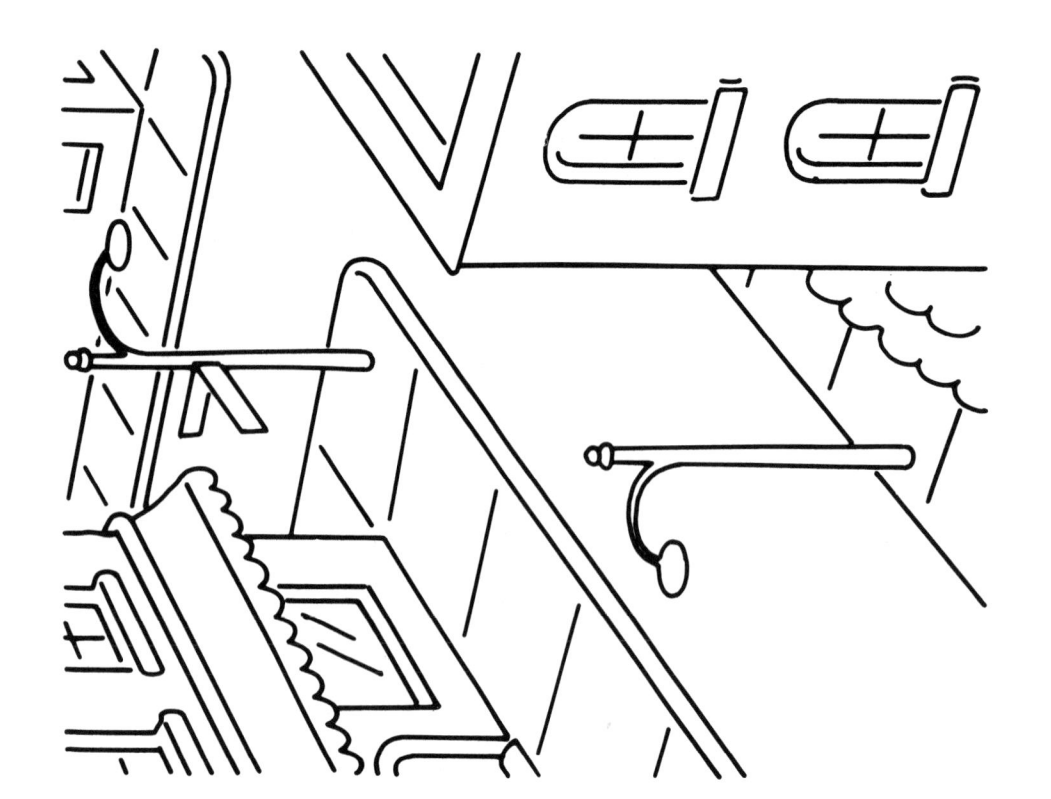

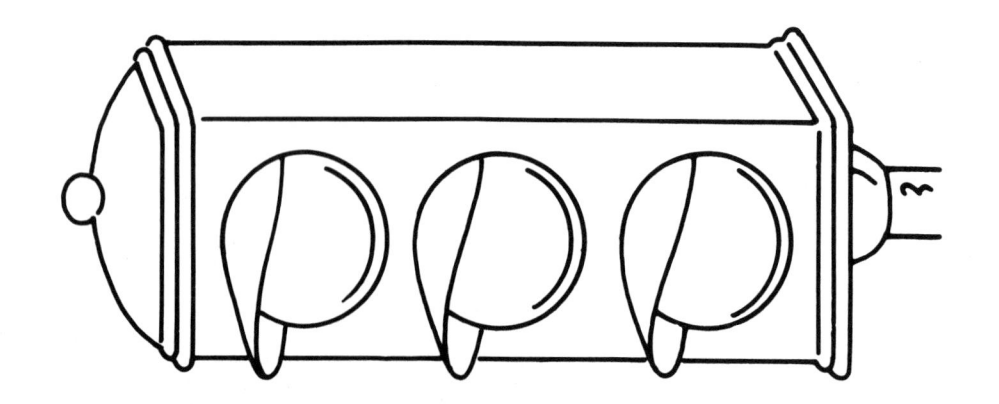

© National Textbook Company

¡Viva el español!
Master **93**

LEARNING SYSTEM B

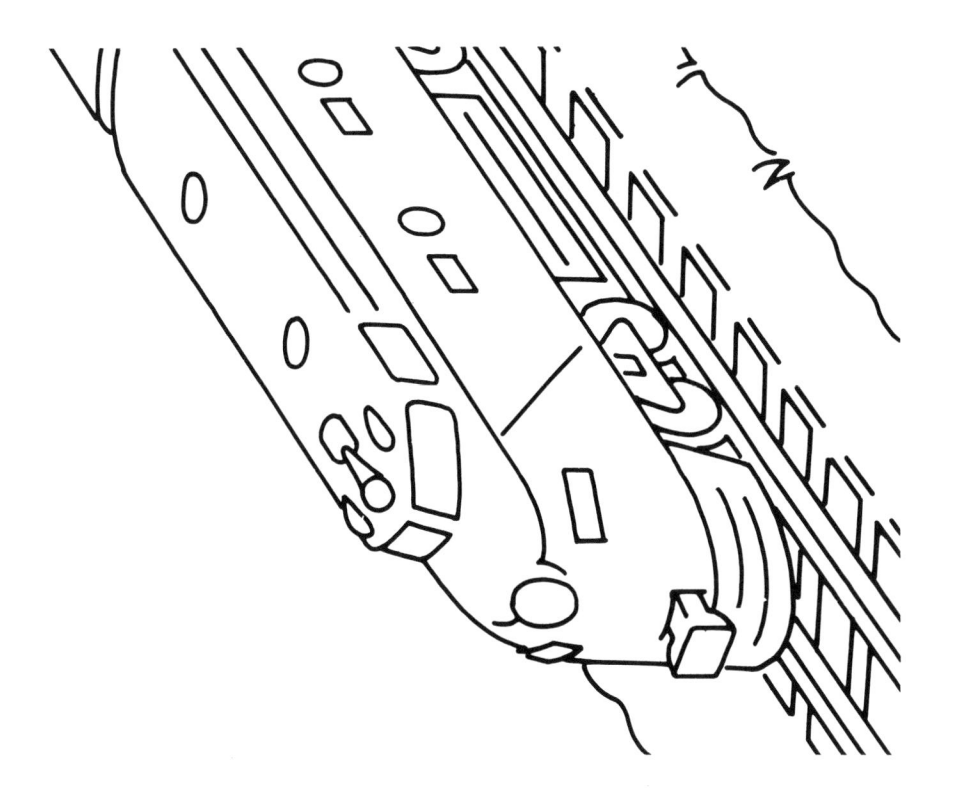

© National Textbook Company

¡Viva el español!
Master **94**

LEARNING SYSTEM B

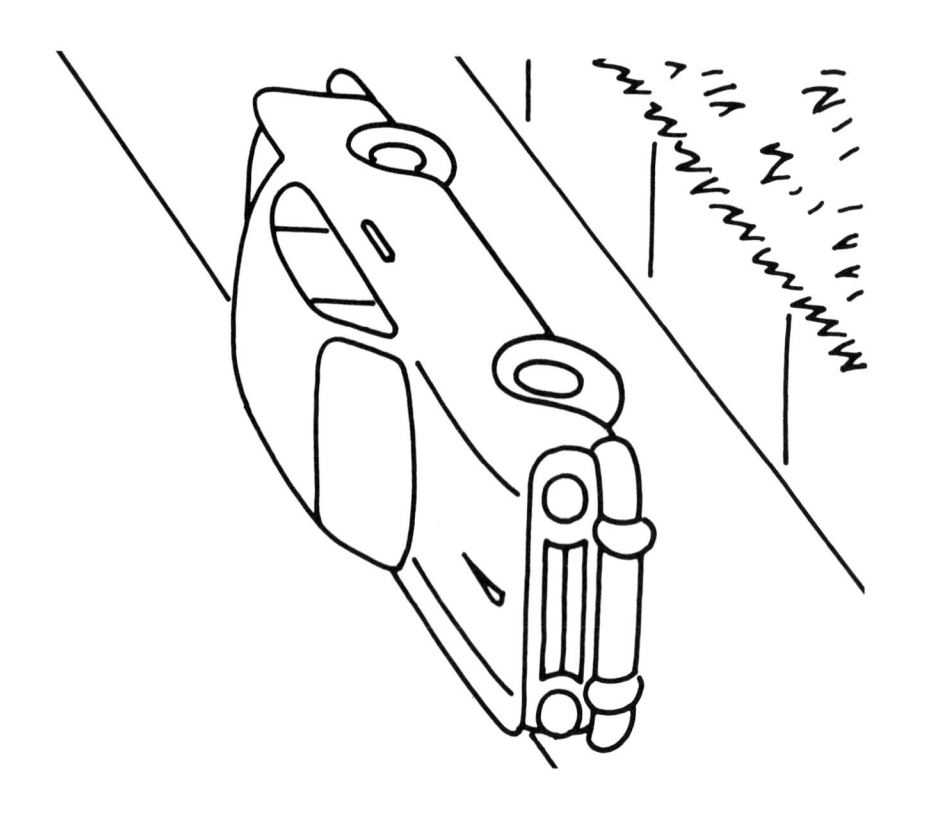

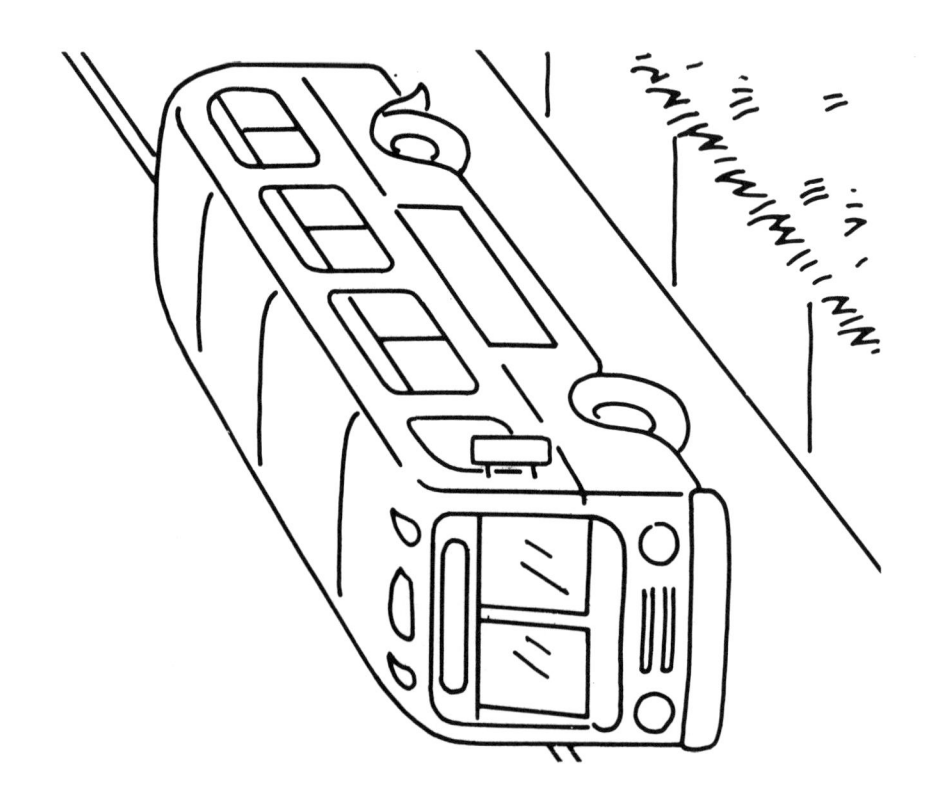

© National Textbook Company

¡Viva el español!
Master **94**

«LEARNING SYSTEM B»

© National Textbook Company

¡Viva el español!
Master **95**

el aeropuerto

la estación del tren

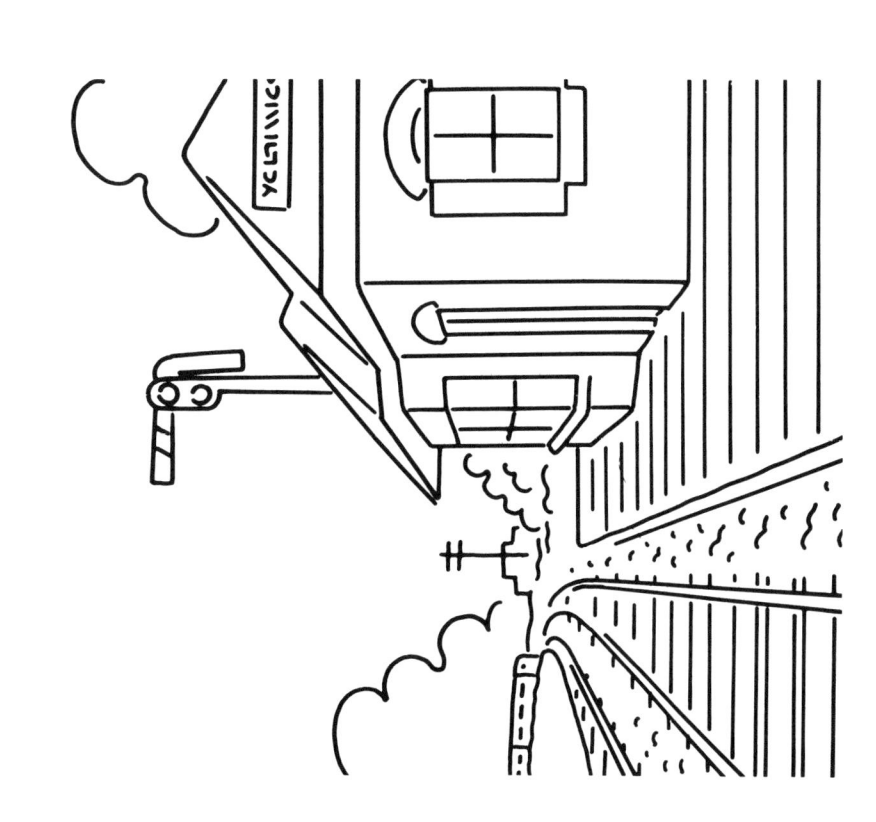

LEARNING SYSTEM B

© National Textbook Company

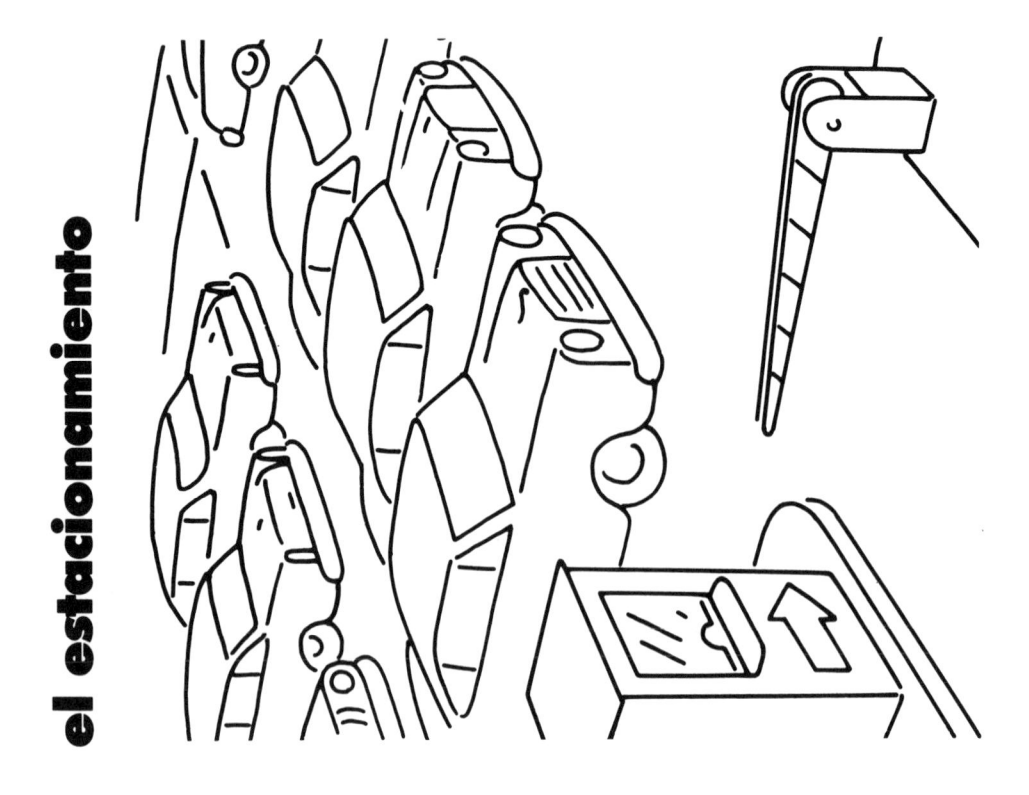

¡Viva el español!
Master **95**

el estacionamiento

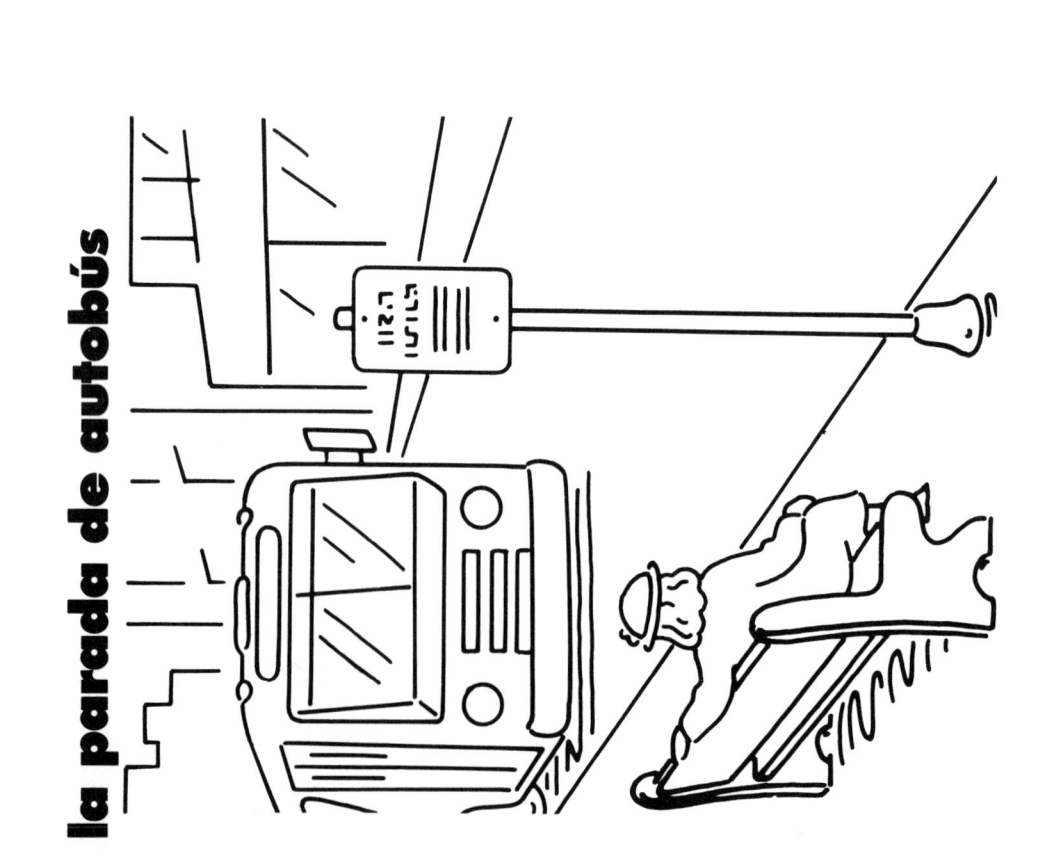

la parada de autobús

LEARNING SYSTEM B

© National Textbook Company

¡Viva el español!
Master **96**

LEARNING SYSTEM B
© National Textbook Company

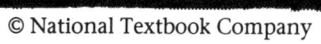

¡Viva el español!
Master **97**

el pájaro

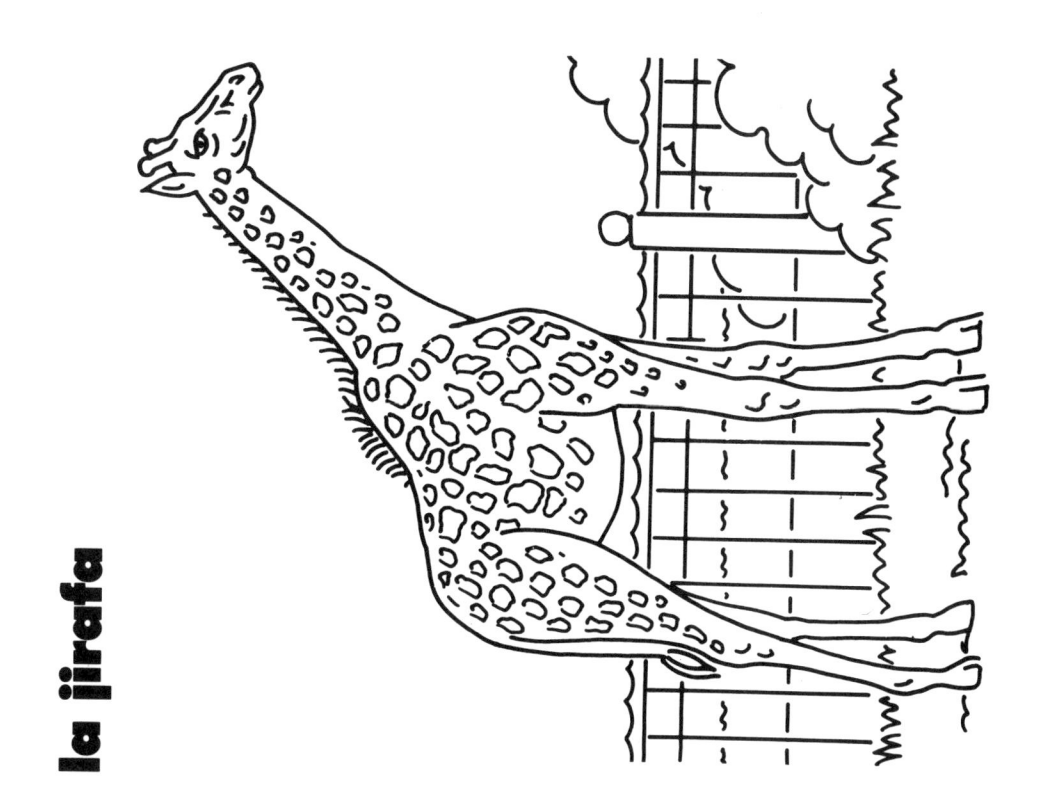

la jirafa

LEARNING SYSTEM B

© National Textbook Company

¡Viva el español!
Master **97**

la foca

el pato

LEARNING SYSTEM B

© National Textbook Company

¡Viva el español!
Master **98**

el elefante

el guardián

LEARNING SYSTEM B

© National Textbook Company

¡Viva el español!
Master **98**

el león

el pez, los peces

LEARNING SYSTEM B

© National Textbook Company

¡Viva el español!
Master **99**

el gorila

el tigre

Learning System B

© National Textbook Company

¡Viva el español!
Master **99**

el oso

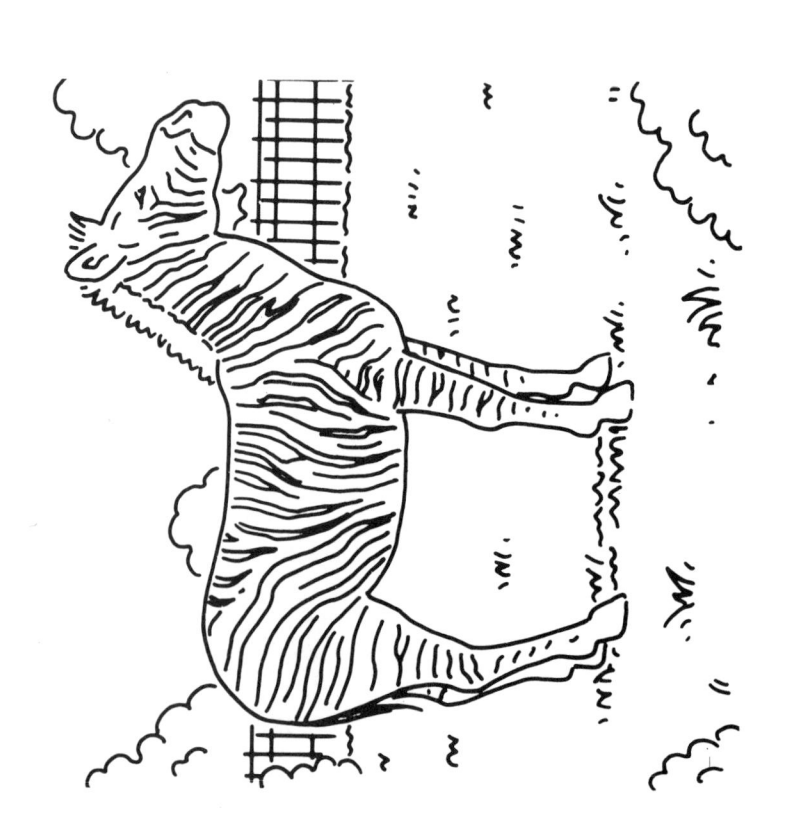

la cebra

LEARNING SYSTEM B

© National Textbook Company

¡Viva el español!
Master **100**

LEARNING SYSTEM B

© National Textbook Company

¡Viva el español!
Master 101

el camarero

la camarera

LEARNING SYSTEM B
© National Textbook Company

¡Viva el español!
Master **102**

el cocinero

la cocinera

LEARNING SYSTEM B

© National Textbook Company

¡Viva el español!
Master **103**

LEARNING SYSTEM B

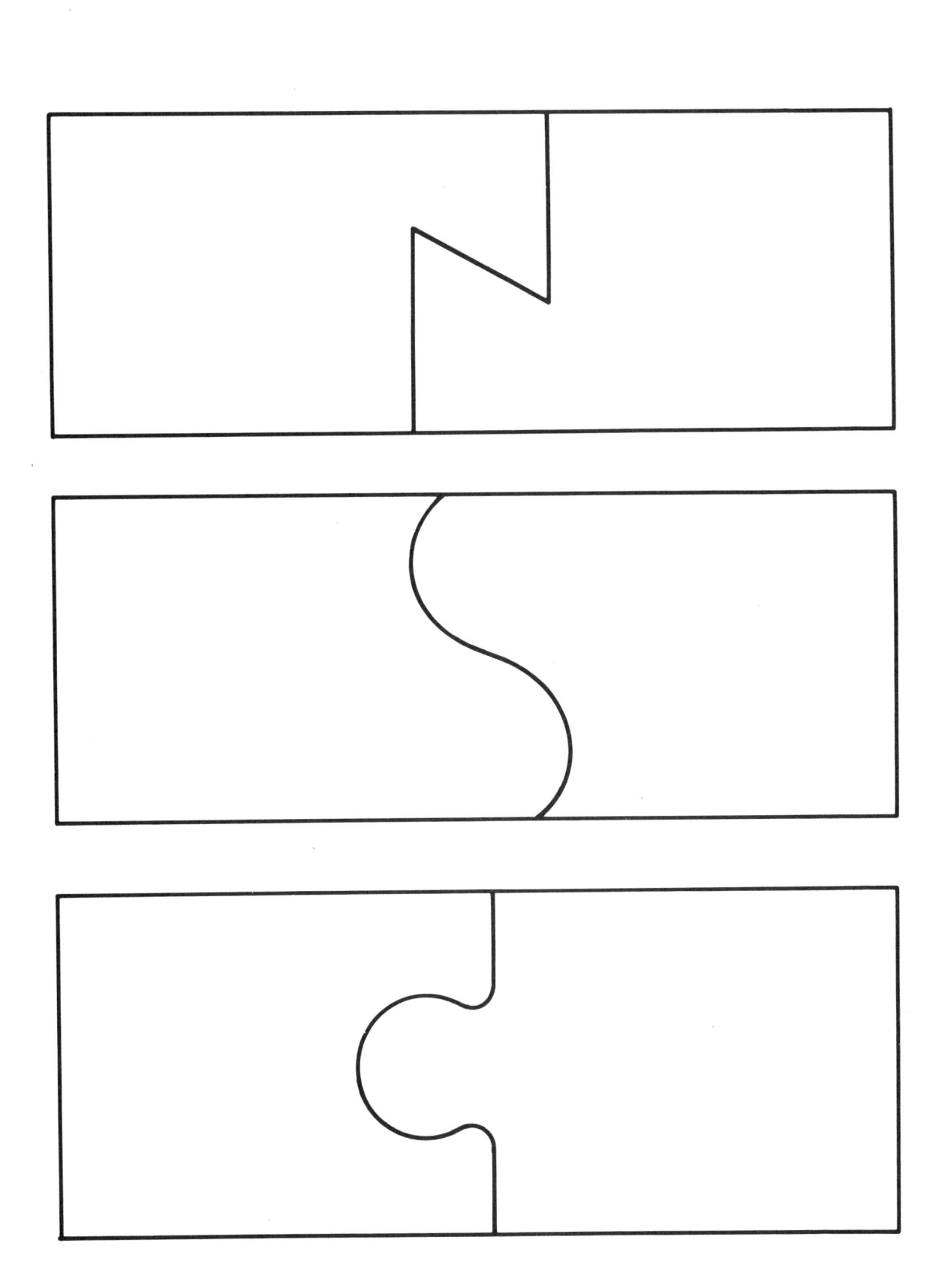

© National Textbook Company

¡Viva el español!
Master **104**

LEARNING SYSTEM B

© National Textbook Company

¡Viva el español!
Master **105**

51	52
53	54
55	56
57	58
59	60

LEARNING SYSTEM B

© National Textbook Company

¡Viva el español!
Master **106**

61	62
63	64
65	66
67	68
69	70

LEARNING SYSTEM B

© National Textbook Company

¡Viva el español!
Master **107**

71	72
73	74
75	76
77	78
79	80

LEARNING SYSTEM B

© National Textbook Company

¡Viva el español!
Master **108**

81	82
83	84
85	86
87	88
89	90

LEARNING SYSTEM B

© National Textbook Company

¡Viva el español!
Master **109**

91	92
93	94
95	96
97	98
99	100

LEARNING SYSTEM B

© National Textbook Company

¡Viva el español!
Master **110**

A	B
C	CH
D	E
F	G

LEARNING SYSTEM B

© National Textbook Company

¡Viva el español!
Master **111**

H	I
J	K
L	LL
M	N

LEARNING SYSTEM B
© National Textbook Company

¡Viva el español!
Master **112**

Ñ	O
P	Q
R	S
T	U

LEARNING SYSTEM B
© National Textbook Company

¡Viva el español!
Master **113**

V	W
X	Y
Z	